教学型大学教师专业发展研究
——基于教学学术视角

王贵林　林浩亮　史　芸　著

东北师范大学出版社

长　春

图书在版编目（CIP）数据

教学型大学教师专业发展研究：基于教学学术视角 /
王贵林，林浩亮，史芸著. —长春：东北师范大学出版
社，2020.9
ISBN 978 - 7 - 5681 - 7234 - 9

Ⅰ.①教⋯　Ⅱ.①王⋯　②林⋯　③史⋯　Ⅲ.①高等学
校—师资培养—研究　Ⅳ.①G645.12

中国版本图书馆 CIP 数据核字（2020）第 190231 号

□责任编辑：王　蕾　□封面设计：优盛文化
□责任校对：王维夏　□责任印制：许　冰

东北师范大学出版社出版发行
长春净月经济开发区金宝街 118 号（邮政编码：130117）
电话：0431—84568086
传真：0431—84568082
网址：http：//www.nenup.com
东北师范大学音像出版社制版
定州启航印刷有限公司印装
河北省定州市西城区大奇连工业园
2020 年 9 月第 1 版　2020 年 9 月第 1 次印刷
幅面尺寸：170mm×240mm　印张：9　字数：163 千
定价：39.80 元

本书得到韩山师范学院教育学重点学科建设经费资助。

前　言

　　"师者，所以传道受业解惑也。"这是古人对教师职业内涵的精辟诠释，也是如今千万为师之人的职责所在。"教"，既包括教学，又包含教育。自古以来，名师就是德才兼备之人。然而，关于道、业、惑的界定，长期以来更多地体现为一种价值的规约、文化的熏陶、成长的主观感受和教育的终身追求，缺乏一个可供衡量的明确标准。因此，随着现代大学制度的建立、普及和完善，考量一个教师是否合格日趋标准化、成果化、短视化，最直接的体现就是教学与科研之间的矛盾和取舍。虽然"以教学为中心"仍然是不变的口号，但很多大学教师"精神很忠实，身体却很诚实"，喊着"教学第一"的口号，却一心扑在科研上。大学教师的专业发展，无论从上升通道还是价值取向来说，都日益窄化为大学教师的科研能力的强弱。这实际上与现代大学教师应承担的教书育人、科学研究、社会服务、文化传承四大功能是极不相称的。更为严重的是，很多人认为教学只是重复性劳动而已，谈不上创新，更谈不上社会效益。对教学的偏见严重影响了大学，特别是教学型大学的教学质量，如果无法从价值上确立教学的地位，从机制上疏通教学的通道，从文化上营造教学的氛围，那么教学中心地位实际上只是一句空话，教师的专业发展实际上是偏离正确轨道的。

　　党的十八大提出了"把立德树人作为教育的根本任务"，为大学教师的专业发展指明了方向。新时代全国高等学校本科教育工作会议提出了要坚持"以本为本"，推进"四个回归"，建设中国特色、世界水平的一流本科教育。这是时代的呐喊，是对教学本质的追索，更是对广大大学教师的一次灵魂拷问。什么是大学教师专业发展的核心？什么是教学？教学为何多年来成为科研的配角？如何提升对教学的重视程度，从而提高教学质量？诸如此类看起来令人头疼不已的问题，其实早在 1990 年就有了答案。学者博耶提出了教学学术思想，他认为学术不是特指专业的科学研究，而是涵盖相互关联的四大方面内容，即探究的学术、整合的学术、应用的学术和教学的学术。探究的学术，即通过科学研究来发现新知识，拓展人类的知识领域；整合的学术，即将科学发现置于一个更大的背景，促进更多跨学科的交流和对话，发挥不同学科的综合优势；应用的学术，即发现一定的方法去把知识和当代的问题联系起来，以解决实践中的问题；教学的学术，即如何进行知识传播的学术。这一思想拓宽了传统学术的内涵，将教学学术置于与其他三种学术相同的地位，并期待通过提升教学学术的地位来消解教学与科研对立的不良局面，以期引起大学管理者及大学教师对教学的关注。把教学上升至学术的地位，从源头上解决了教学与科研不平等的问题，赋予了教学"研究"的身份地位，有助于"本科教学本质上是学术活动"理念的确立。但是，真正推动教学学术的发展，需要大学办学理念的更新、体制机制的创新、文化氛围的营造、保障措施的完善。几十年来，教学的学术之路走得并不顺畅快速，这也直接影响了本科教学质量在高等教育大众化进程中的提升速度。进入新时代以来，党和国家对本科教学质量高度重视，出台了《教育部关于进一步深化本科教学改革全面提高教学质量的若干意见》等指导性文件，从顶层设计上为教学学术的发展提供了引领。因此，有必要站在时代的高度，重新对教学学术的内涵进行梳理，并对我国大学，特别是教学型大学如何开展教学学术、促进教师专业发展和教学质量提升提出有针对性的策略与建议。

　　本书以问题为导向，围绕如何做一个有教学学术能力的教师展开论述。第一章分析了教学学术的概念及内涵。第二章分析了教学型大学教师教学学术的价值，从教学型大学的特殊定位、大学教师发展多样性的需要、"全能型大学教师"发展的不可能性方面指出了教学学术是教学型大学教师专业发展的基本选择。第三章具体阐述了教学型大学教师专业发展的基本维度和结构。第四章构建了教学型大学教师教学学术的理论结构模型，指出其学术特征，并从人口学等方面分析了模型构建的影响因素。第五章具体阐述了教学学术视角下的教学型大学教师专业发展策略，包括教学学术氛围营造策略、理智取向的发展策略、反思取向的发展策略、生态取向的发展策略，指明了具体构建思路。第六章从进一步的层面，提出了教学型大学办学的思考。全书力求让读者对教学学术概念有全面深刻的认识，对教学与科研之间的关系有更为科学的认识，对开展教学学术、促进教师专业发展有较为清晰的思路，并能成为教学学术的倡导者、践行者和推广者。本书是几位著者多年来关于教学学术研究成果的进一步梳理、反思和提升，同时借鉴了部分同人的研究成果，力求科学、全面、深入，在此对他们表示衷心的感谢！

　　"要给予教学学术以新的尊严和新的地位，以确保学术的火焰不断燃烧！"

这是博耶在提出教学学术概念时喊出的一句口号。教学与学术，其本身就不是对立的，而是相辅相成、相得益彰的。十年树木，百年树人。愿教学学术在学术森林中茁壮成长，成就学生，成就老师，成就教育，薪火相传。

编　者

2020 年 7 月

目　　录

第一章　做一个有教学学术能力的教师

We already walked too far, down to we had forgotten why embarked.

——纪伯伦《先知》

"我们已经走得太远，以至于忘记了为什么而出发。"著名作家纪伯伦的这句话不断提醒着我们，在追逐梦想的道路上奔跑的时候，时刻不要忘记我们的初心，要牢记我们的使命。

2018年6月21日，新时代全国高等学校本科教育工作会议召开，这次意义重大的会议提出了要坚持"以本为本"，推进"四个回归"，建设中国特色、世界水平的一流本科教育。"回归"成为本次会议的硬核理念，"回归常识、回归本分、回归初心、回归梦想"。教育部党组书记、部长陈宝生指出，高教大计、本科为本，本科不牢、地动山摇。人才培养是大学的本质职能，本科教育是大学的根和本，在高等教育中是具有战略地位的教育，是纲举目张的教育。高等教育战线要树立"不抓本科教育的高校不是合格的高校""不重视本科教育的校长不是合格的校长""不参与本科教育的教授不是合格的教授"的理念，坚持"以本为本"，把本科教育放在人才培养的核心地位、教育教学的基础地位、新时代教育发展的前沿地位。他强调，教师的天职就是教书育人，教授就得教书授课，离开了教书授课就不是教授，必须明确，高校教师不管名气多大、荣誉多高，教师是第一身份，教书是第一工作，上课是第一责任，要引导教师热爱教学、倾心教学、研究教学。要坚持以师德师风作为教师素质评价的第一标准，把教学质量作为教师专业技术职务评聘、绩效考核的重要依据，多维度考评教学规范、课堂教学效果、教学改革研究等教学实绩，在教师专业技术职务晋升中实行本科教学工作考评一票否决制。对教学工作的要求要严一点，教学工作达不到平均水平，就不能晋升职称，真正将人才培养中心地位落到实处。

陈宝生部长的讲话铿锵有力，态度明确，意志坚定，重申了国家对高校"人才培养"职能的高度重视，代表了国家对大学发展过程中出现的"重科研、轻教学"现象的批判和反思，体现了国家对本科教学和对大学教师教书育人第一职能"回归"的时代要求。做一个有教学学术能力的教师，是新时代合格大学教师的分内之责。

第一节 问题的提出

教书育人是大学最原始、最基本的功能。《汉书》中的"古之王者……莫不以教化为大务。立太学以教于国，设庠序以化于邑"道出了大学的核心要务为教学。19 世纪英国伟大的教育家纽曼认为"如果大学的目的是科学和哲学的发现，我不明白为什么大学应该拥有学生"。如果学生是大学存在的根本，那么教学就是大学最根本的职能。

随着科技的发展，大学的使命逐渐趋于多元。1810 年，德国教育家洪堡建立起世界上第一所现代意义的大学——柏林大学，提出了"大学自治""学术自由""教育与科研相统一"这一著名的"洪堡大学的三原则"。大学的职能也由教学扩大为教学与科研合二为一。19 世纪，美国一批留德学者将洪堡思想中研究的理念带入国内，成立了对美国现代高等教育发展产生深远影响的第一所研究型大学——霍普金斯大学，高校的科研职能被进一步放大，"把知识、创新、观念创新当作最根本的任务和目标来追求"。随着经济的发展、后工业时代的来临，大学更是步入社会的核心，至《莫雷尔法案》赠地大学、威斯康星大学成立，大学开始承担起越来越多的服务社会的职能。大学的职能日趋多元，成为集教学、科研、服务于一体肩负多重使命的复杂机构，人才培养这一核心职能逐渐淡化，大学教学式微，高等教育人才培养质量下滑①。

实际上，自洪堡建立柏林大学起，教学在大学中的地位便日渐式微，并随着科研与社会服务两个大功能的日趋兴盛，教学逐步沦为大学教师的一项负担性工作。因此，一直以来，大学的教学与科研的关系是教育学者们反思与讨论的焦点。在美国大学教师中流行的一个信条是"不出版即解聘"。在这种重压之下，大学教师开始忽视自己教学的中心任务，而将有限的时间和精力转移到科学研究上，教师用于教学的时间和精力得不到应有的保证。大学教师探究教学、思考教学质量如何提升的积极性极大降低。斯坦福大学原校长唐纳德·肯尼迪认为，"现在是我们重新肯定教育，即各种形式的教学活动

---

① 张晓斐. 我国大学教学学术的制度困境及出路：基于 H 大学的实证分析 [D]. 北京：华北电力大学，2018：3.

是高等教育的主要任务的时候了"①。

如果说上述问题是欧美高等教育发达国家在高等教育进入普及化阶段后面临及需要反思的问题，那么中国高等教育在发展过程中是否面临同样的问题呢？答案是肯定的。众所周知，美国著名高等教育学者马丁·特罗认为，高等教育的发展应该分为三个阶段，即精英教育阶段（毛入学率小于15％）、大众化教育阶段（毛入学率在15％—50％之间）和普及高等教育阶段（毛入学率在50％以上）。从1999年开始，我国高等教育进行扩招，2002年，我国高等教育毛入学率已经达到15％，2010年达到26.5％，2016年高达42.7％，2018年达到48.1％，超过中高等收入国家的平均水平，2019年达到50％以上，高等教育毛入学率稳定提升，这标志着我国高等教育早已迈入大众化阶段，标志着我国高等教育取得了长足的进步与发展。

截至2018年，全国各类高等教育在校人数总规模达到3 833万人，共有普通高校2 663所（含独立学院265所），其中本科院校1 245所、高职（专科）院校1418所。如此庞大的高等教育体系，其人才培养质量如何？中国教育科学研究院于2016年启动了高等教育满意度调查，本次调查共有全国350所高校4.89万名学生参加。调查结果显示，高等教育总体满意度指数为69.42分，教育公平满意度指数为69.25分，教育环境满意度指数为69.23分，教育质量满意度指数为67.87分，教育期望值指数为66.45分。大学生最不满意的分别是师生课外互动、参与科研、国际化资源、学生参与权、学生表达权和监督权五个方面。其中，本科生对课程教学、师资力量、教学方式、学术讲座、学习反馈等方面满意度较低。时隔两年，2018年，中国教育科学研究院再次在全国31个省（自治区、直辖市）开展了高等教育满意度调查。此次调查共有356所高校4.98万名毕业年级学生和1.78万名教师参加。调查结果显示，2018年全国高等教育总体满意度指数为73.2分，教育质量满意度指数为71.0分，教育公平满意度指数为72.7分，教育环境满意度指数为71.6分，分别较2016年提高4.7％、4.3％、4.3％和2.7％。本科师生之间最不满意的方面共识多，分别为课程内容吸引力、教学方式吸引力、学生参与科研、学术讲座吸引力、国际化资源、师生课外交流时间、学校管理的学生参与权和餐饮服务。调查结果同时显示，大学生对教师教学方面满意度不高，仅有59％的本科生认为教学方式特别吸引自己的任课教师多，低于69％的本科生认为课堂教学中师生和生生研讨机会多、教师安排的小组合作

① 吕达，周满生. 当代外国教育改革著名文献：美国卷：第三册［M］. 北京：人民教育出版社，2004：8.

学习效果好、任课教师能及时对自己的学习情况进行反馈。虽然这些方面已经比 2016 年提高了几个百分点，但整体水平仍偏低。仅 51% 的本科生和 58% 的高职生对任课教师与自己进行课外交流的时间表示满意，且高职生比例较 2016 年下降了 2 个百分点。

以上的专业调查，从一定程度上反映出我国高等教育的质量还有较大的提升空间，教师教学方式转型、教学质量满意度提升任重道远。究其深层次的原因，是学校和教师对教学的重视程度不够，直接导致其对教学理念、模式、方法、手段等的研究不系统、不深入、不实用，教学研究的外在驱动力和内生动力不足，教师的教学行为习惯模式和方式受传统模式便利性的影响，短时期内难以完全改观。实际上，纵观进入 21 世纪以来我国的高等教育政策，国家对高等教育质量和教师教学水平一直高度重视，2010 年公布的《国家中长期教育改革和发展规划纲要（2010—2020 年）》（以下简称《纲要》）明确指出要"提升高等教育内涵建设""全面提高高等教育质量""提高人才培养质量""提高教师业务水平"。提高质量是高等教育发展的核心任务，是建设高等教育强国的基本要求。《纲要》要求高等学校牢固树立人才培养的中心地位，全面实施"高等学校本科教学质量与教学改革工程"。《教育部关于全面提高高等教育质量的若干意见》（即"高教 30 条"）明确提出"把本科教学作为高校最基础、最根本的工作，领导精力、师资力量、资源配置、经费安排和工作评价都要体现以教学为中心"，重点指出"推动高校普遍建立教师教学发展中心，重点支持建设一批国家级教师教学发展示范中心，有计划地开展教师培训、教学咨询等，提升中青年教师专业水平和教学能力"，并改革评聘管理机制，支持教师教学工作，指出要"完善教师分类管理和分类评价办法，明确不同类型教师的岗位职责和任职条件，制定聘用、考核、晋升、奖惩办法。基础课教师重点考核教学任务、教学质量、教研成果和学术水平等情况"。2018 年，《教育部关于加快建设高水平本科教育全面提高人才培养能力的意见》（即"新时代高教 40 条"），进一步强化了对大学教学工作的要求，提出"建设高等教育强国必须坚持'以本为本'，加快建设高水平本科教育，培养大批有理想、有本领、有担当的高素质专门人才"，"要全面提高教师教书育人能力"，"完善教授给本科生上课制度，实现教授全员给本科生上课"，对考核评价机制"下重拳"，提出"深化高校教师考核评价制度改革，坚持分类指导与分层次评价相结合，根据不同类型高校、不同岗位教师的职责特点，教师分类管理和分类评价办法，分类分层次分学科设置评价内容和评价方式。加强对教师育人能力和实践能力的评价与考核。加强教育教学业绩考核，在教师专业技术职务晋升中施行本科教学工作考评一票否决制。加大对教学业绩突出教师的奖励力度，在专业技术职务评聘、绩效考核和津贴分配中把教学质量和科研水平作为同等重要的依据，对主要从事教学工作人员，提高基础性绩效工资额度，保证合理的工资水平"。这一系列的政策对加强大学教学工作、提升大学教师教学水平、提高大学教学质量起到了重要的指导和保障作用。

诚然，按照制度的要求，我国所有的大学都应该以教学为第一要务，以教学质量为办学质量的首要标准，但为何在连续两次较为专业的高等教育满意度调查中教学质量满意度都不尽如人意？这跟我国很多大学的办学定位错位有很大的关系。关于大学的分类，学界有不同的方法，学者安心梳理出三种具有代表性的分类方法。第一种是从学位点和科研经费的数量向度进行划分，分为研究型大学、省部级重点大学、一般本科院校、普通专科学校和高等职业技术学校。第二种模仿第一种的思路，分为研究型大学、教学科研型大学、教学型本科院校、高等专科学校和高等职业学校。第三种是学者武书连提出来的由类和型两部分组成的中国大学分类标准，"类"反映大学的学科特点，并将大学分为综合类、文理类、理科类、文科类、理学类、工学类、农学类、医学类、法学类、文学类、管理类、体艺类和艺术类；"型"体现大学的科研规模，并将大学分为研究型、研究教学型、教学研究型和教学型。每所大学的类型由上述类和型两部分组成，"类"在前，"型"在后，这种分类方式兼顾了学科门类的发展与科研规模的大小两个方面[①]。2015 年，教育部、国家发改委、财政部联合发布《关于引导部分地方普通本科高校向应用型转变的指导意见》，推进应用型大学的建设。2017 年，《教育部　财政部国家发展改革委关于公布世界一流大学和一流学科建设高校及建设学科名单的通知》，旨在提升中国高等教育综合实力和国际竞争力。我国大学的分类进一步得到优化。

学者武书连的分类方式被 2002 年中国大学排名引用，影响较大。武书连按"类"和"型"的分类方式能较好地反映教学与科研在高校中的比重，很好地体现大学作为学术组织的特质。研究型大学重心在科研，研究教学型和教学研究型大学既注重科研又不忽视教学，只是教学与科研的比重有所区别，教学型大学是以教学为主要工作任务，以培养应用型人才为主业，以服务地方经济建设为主要发展方向的大学。科学地讲，大学都应该承担人才培养、科学研究、社会服务等职责，只是由于大学定位、层次、类型等不同，其承

---

① 安心. 大学分类制度：影响大学发展的一个重要瓶颈——兼论我国大学分类的利弊［J］. 国家教育行政学院学报，2005（4）.

担职责的侧重点有所不同而已。根据应用技术大学（学院）联盟和地方高校转型发展研究中心发布的《地方本科院校转型发展实践与政策研究报告》，2012 年全国共有普通本科高校 1171 所（含独立学院 293 所），其中"211"工程高校（116 所）占 9.9%，非"211"高校（1055 所）占 90.1%。这 1 055 所非"211"地方本科院校，包括本科办学历史长的地方本科院校、部委或行业转制地方管理的本科院校、新建的本科院校（指 1999 年以来新设本科学校，共有 647 所，约占全国普通本科高等学校数量的 55.3%，占非"211"普通本科高校数量的 61.3%）。由此可以看出，我国大部分地方本科院校特别是占比超过 55% 的新建本科院校都属于教学型大学的范围，这些学校的职能更应侧重于教学，侧重于教授知识、传承知识、创新知识。《中国教育改革和发展纲要的实施意见》也明确指出："不同类型不同层次的高等学校应有不同的发展目标和重点，办出各自的特色。"然而一直以来，教学型大学的定位不够明确，求大求全，盲目攀比，存在过分趋同化的倾向，过分重视学科建设和学位点建设而轻视教学工作，过分重视学科科学研究而轻视了教学学术研究，导致教师教学学术水平的低下和人才培养质量的下降。更何况，教学型大学投入了大量的人力、财力来大力拉动科学研究，但是其科研贡献率很低。例如，武书连等学者研究发现，2003 年 341 所教学型大学的科研成果只占中国600 所普通本科高校科研成果的 5.57%[①]，结果是大量的国家资源被浪费。

　　究其原因，一方面是大量教学型高校定位上的错位导致科研投入远大于教学投入；另一方面是教学型高校的科研贡献率低下，教师教学水平和教学质量满意度不尽如人意，投入与产出极不平衡，加上国家对高校教学质量的愈发重视，使得"如何有效提升教学型大学教师的教学水平和教学研究能力，进而提升教学型大学教学质量"成为一个刻不容缓的重要课题，教学质量的提升需要有较高教学水平的教师，因而这一课题的核心就是如何促进教学型大学教师的专业发展。著名高等教育专家潘懋元教授早就提出："教学型院校中，教师的第一要务则是教学。"教学能力发展是教学型大学教师发展的逻辑起点。因此，教学型大学应该立足于自身定位，更加强调教学职能的实现。可以说，教学能力的提升是教学型大学教师发展的根本。然而，由于长期对教学关注度的缺失，关于教学能力提升的研究很难像专业研究一样形成系统的体系，更难以实现对教学行为的指导。因此，有必要从学术的角度，对教学进行科学、深入而系统的研究。换句话说，有必要像其他专业一样把教学

---

①　武书连，吕嘉，郭石林. 2003 中国大学评价 [J]. 科学管理研究，2003（2）.

当成一门"学术"。教师需要开展专业学术研究，也必须开展教学学术研究，需要做一个有教学学术能力的教师。

第二节　研究内容、思路与方法

一、研究内容

本研究主要内容包括：第一，问题提出的背景与研究综述，教学学术的特质与内涵；第二，教学型大学教师教学学术的价值；第三，教学型大学教师专业发展构成要素分析；第四，教学型大学教师教学学术理论结构模型构建；第五，主要从反思取向、生态取向和理性取向等途径，探讨教学学术视角下的教学型大学教师专业发展的策略。

二、研究思路

本研究将结合教学型大学的特点，遵循"文献分析—案例调研—模式构建/策略制订—体系建构—实证反思—完善总结"的主脉络，进行有效组织分工，以系统科学和现代教育理论为指导，借鉴和创新国内外研究成果，在全国范围内定向抽样 13 所教学型大学进行调研，从而探索与构建促进教学型大学教师专业发展的理论模型与发展策略，并在部分大学进行追踪调研与实证反思，强化过程研究和循环改进，逐级深入开展专项研究，直至完善总结，达成研究目标。

三、研究方法

根据课题研究需要，综合运用文献资料、访谈、问卷调查、个案分析等多种方法，将理论研究与实证分析、质性研究与量化研究、综合研究与个案研究相结合，确保研究的科学性。

第三节　文献研究综述

一、大学教师专业发展综述

关于大学教师专业发展研究和实践方面，最具代表性的是美、英、德等国家。其中，尤其以美国为代表。美国是较早重视大学教师专业发展的国家之一，相关的项目设计和组织活动始于 20 世纪 60 年代，70 年代以后，美国大学教师专业发展运动迅速展开，开始向制度化的方向迈进。Kenneth Ebel (1972) 在其主持的学院教学项目中提出了关于高校教师专业发展的第一个报告，第一个关于高校教师专业发展的大规模的研究是由 Centra 在 1976 年完成的。以后的研究成果不断增多，并形成了大学教师专业发展的几大理论模型。鉴于美国大学教师专业发展运动的多样性、复杂性和长期性，虽然发展模型不一，但一般都从结构、过程和态度三个层次进行分析。美国大学教师专业发展的相关研究大多具有较强的针对性与可操作性。研究大学教师专业发展的资深学者 Jerry G. Gaff (1975) 对"大学教师发展、教学指导发展和组织发展"的概念进行了界定。美国教育联合会 (1991) 对教师专业发展的四个目标，即个人发展、专业发展、组织发展和教学发展进行了分析。Alfano 和 Kathleen (1994) 从发展策略的视角对大学教师专业发展进行了研究。综合来看，国外教师专业发展过程的研究，经历了从教师专业发展的一个侧面到教师专业发展全程表现的拓展的过程；从研究的方法来看，其趋势则是由单一到多样；从研究成果的质量来讲，是在不断发展超越，逐渐走向全面完善。国外的这些研究凸显了教师在不同发展阶段的特色，并为教师规划自己的教学生涯、政府制定教师继续教育政策提供了有益的理论依据。然而，国外在大学教师专业方面的研究虽然对我国在这一领域的研究具有一定的启发，但是并不能完全适应我国的传统和现阶段国情。

我国对大学教师专业发展的研究起步较晚，最早的法律依据是 1998 年 8 月 29 日第九届全国人民代表大会常务委员会第四次会议通过的《中华人民共和国高等教育法》，其中对高校教师的资格认定做了更加详细的规定，使高校教师专业化的研究上升到法律的高度。国内对其研究有一个明显的分界，在 2005 年以"大学教师发展"（Faculty Development）为主题的第四次高等教育质量国际学术研讨会举办之前，与其相关的研究成果比较少。自 2006 年以后，随着对大学教师发展问题关注度的提高，相关的研究成果逐渐增多。国内学者潘懋元 (2007)、卢晓中、张玥 (2007)、张宏玉 (2008)、林杰 (2006) 等对大学教师专业发展的内涵进行了解读和研究；谢培松 (2006)、周曙 (2006)、刘恩允、韩延明 (2007)、宋兰香 (2008) 等对大学教师专业发展存在的问题及其归因进行了分析；曲铁华、牛海彬 (2007)、张亚群 (2007)、刘恩允、韩延明 (2007)、谢培松 (2006) 等对大学教师专业发展的策略进行了探讨；张建平 (2006)、陈娟娟 (2007)、陈桂香 (2008) 等从跨学科的视角对大学教师专业发展问题进行了研究。国内学者从不同的视角对大学教师专业发展的问题进行了细致的梳理和研究，基本形成了具有中国特色的理论体系和实践架构。例如，潘懋元教授（2007）关于大学教师专业发展的内涵（包括学术水平，教师职业知识与技能、师德）的界定，卢晓中、张玥（2007）关于大学教师专业发展内容的一体化研究成果（包括教学、科研、社会服务的知识和精神的一体化，专业发展与教育教学改革的一体化，外在规约与内在动机的一体化，专业发展责任的一体化，高等教育教学理论与教育教学实践的一体化和专业发展过程的一体化），这些成果在一定层面上奠定了大学教师专业发展研究领域的理论基础。我国关于地方教学型大学的教师专业发展问题的研究尚处于起步和探索阶段，文章寥寥无几，相关论述基本蕴含在教学型大学教学与科研关系之中的文章内，也有部分研究是从教学型大学的内涵发展、职能定位的角度去论述的，相关理论与实证研究成果相对匮乏，部分研究的现实性和可操作性不强。

综上所述，国内外学者对大学教师专业发展问题进行了卓有成效的研究，但从国内研究角度看，仍然缺乏针对教学型大学教师专业发展的系统的解决策略，与此同时，国外缺乏能够系统移植的理论模型和实践成果。

二、教学学术视角下的大学教师专业发展综述

（一）国外研究[①]

根据学者刘晓东、周波的研究，从 2000 到 2007 年，关于教学学术研究的文章年发文量均不超过 50 篇，教学学术研究处于发展的起步阶段；从 2008 到 2014 年，发文量呈现逐年增加的趋势，教学学术研究进入发展阶段；从 2015 年开始年发文量激增，2016 年年发文量达到最高 213 篇，教学学术研究进入爆发期，呈现出蓬勃发展的态势。当前教学学术研究的热点主要集中在教学学术概念发展、高校教师发展、教学实践研究、教学评价、科学技术等方面。

1. 关于教学学术内涵发展研究

（1）教学学术概念的发展

博耶在《学术反思——教授工作的重点领域》中从一个崭新的视角更加深入准确地阐述了大学教学的问题。他提出一个学者的工作不仅意味着从事基础研究，还应该寻求问题之间的联系，在理论和实践之间架起桥梁，并将

---

① 刘晓东，周波. 国外教学学术研究之热点与趋向的可视化分析［J］. 当代教育科学，2018（06）：56-61.

知识传播下去。教学是一种传播的学术，与探究的学术、整合的学术、应用的学术一样都属于学术的范畴。

1999 年，博耶的继任者，时任卡内基教学促进基金会主席的舒尔曼根据多年对教学学术的理解，提出真正促进基金会不断探索的因素是学生的"学习"，要用系统的、学术性的办法来研究如何促进学生的学习。他试图增强教师对教学和"深化"学习障碍的理解，并提出了"教与学的学术"。这样教学学术就变成了教与学的学术。教学学术运动也就发展成了教与学学术运动。

（2）教学学术系统模型的建立

除了对教学学术概念发展的研究外，不少学者还将教学学术概念进行了整合，提出了教学学术模型。Trigwell 和 Shale 将学术看作一种活动。他们提出一个以实践为导向的模型，其包含三个相关的元素：知识、实践、成果。知识的元素包含教师的教学知识、教学和学习的知识，在这些知识的基础上，教师进行教育教学；实践的元素包含教学、评价、反应、交流和学习；成果的元素包含教师和学生努力的结果、文档（教研文章）、教师教学和学生的学习以及教师满意度。

2004 年，舒尔曼提出了利用机构发展教学学术的模型，其分为四种机构。第一种是以学科为中心的教学学会，允许教师团体中对教学学术有相似兴趣的教师聚集在一起进行多学科交流；第二种是作为研究生教育的教学学会，强调了研究生院的作用，将教学学术的观念植入博士研究生的培养中；第三种是围绕技术组成的学术团体，强调了技术的作用，学会的成员们在他们的教学中越来越多地采用科学技术，这些技术使得教师们的实践和资源能够很方便地从网络上得到；第四种是分布式教学学会，其重点是在不同的地方建立教学学会，以便各个地方的工作能够支持整个中心的工作。

Benson 和 Brack 提出了知识来源的五种框架，有助于理解高等教育中的教学学术：①哲学的知识，包含价值观和认识论；②学习理论；③学科知识；④高等教育中的教师知识；⑤其他教育领域中的教师知识。他们将教学学术与 e-Learning 联系起来，认为 e-Learning 是第五种知识的来源。

这几种概念模型有助于理解教学学术的概念，然而上面提到的几种模型除了舒尔曼提出的利用机构发展教学学术的模型，其他的模型更注重强调教师，而不是机构的作用。我们有理由相信，教学学术如果要顺利实行，机构的角色，包括教师职业发展都应该加以考虑。Trigwell 和 Shale 提出的模型强调通过教师实践将教师和学生联系起来。Benson 和 Brack 认为技术的进步为加强教学学术提供了新的机会，科学技术是提高教学学术的一个重要手段，为教师们提供了超越课堂以外的交流和学习的机会。

（3）教师专业发展

教学学术强调培养教师系统探究学生学习的能力、反思自己教学实践的能力，这是教师发展的重要能力。世界各地的机构，包括学习和教学中心、教育发展中心都强调了加强教师队伍专业化建设。卡内基教与学学术研究学会（CASTL）调查了教学学术对高等机构的影响，其中教师专业发展是最常被提到的方面。

然而，很多教育工作者认为像提高教学技能这样的课程是没有必要的，甚至认为参加这样的课程是浪费时间。Meara、Terosh 和 Neumann 区分了两种不同的教师发展模式。一种是教师的专业发展依靠院系机构，这种模式的缺点是教师作为专业人士茁壮成长的动机是模糊的。相比之下，另外一种模式强调了教师发展的主动性，强调教师在提高教学实践和学生学习方面的主动性，这种模式更符合教学学术的模式。Hutchings 认为，为了更好地促进教学学术发展，教师们通过教学中心形成跨学科的团体，为教师们提供资金，分享教学心得，这些是教师自身教学学术发展的重要因素。

2. 关于教学学术评价标准研究

博耶对教学学术的评价标准进行了简单的描述：教师对教学内容深刻理解，能够在教师的理解和学生的学习之间建立起沟通的桥梁，安排好教学程序，引领并激发学生主动学习，能够传播知识并实现知识的改造和扩展。这些评价标准只是描述性的解释，并没有具体的操作标准。1994 年，在美国所有四年制大学（学院）中针对教师角色和奖励进行了一项调查，1997 年 Glassick 等人在此项调查的基础上出版了《教学学术评估》一书，书中指出学术工作评价的六条标准：明确的目标、充分的准备、适当的方法、显著的成果、有效的表达、反思性批判。舒尔曼又将这些标准进行了具体化表述，他认为教师应该进行自我反思，对教学经验进行理论思考并传播，同行之间应该进行交流和评价。"教学像其他形式的学术一样是一种成果。当教师将工作公开，接受同行的评价和批评，并与所在专业社团的其他成员进行交流时，反过来又加强了自己的工作，这时教学就变成了教学学术。"

3. 关于教学学术实践的研究

（1）教学学术发展障碍研究

教学学术概念不够明确。Roger Boshier 指出，教学学术的拥护者之所以很难说服同行们树立教学学术的理念，是基于以下五个方面：教学学术活动与其他活动容易混淆，博耶对于教学学术概念的描述不够清晰，在实践层面开展教学学术活动有困难，很多关于教学学术的演说是狭隘新自由主义的表现，教学学术过度依赖同行的评价。

传统的学术观念将教学排除在学术内涵之外。Howard Tinberg 等人认为大多数大学教师具有传统的教学学术观念，认为只有从事高深知识研究才能称为学术研究，也才能在学术圈内获得一席之地。

教师晋升评价机制不包含教学学术评价。目前，教师晋升评价机制容易导致大学教师将教学与学术二元对立。现有的学术评价标准把教学排除在学术之外。学术内涵改变了，但学术的评价指标固守传统，教师从事教学学术研究成为一种冒险行为。

（2）美国非政府组织对教学学术实践的推进

在教学学术发展的历程中，美国具有举足轻重的作用。在美国教学学术发展过程中，非政府组织起到了十分重要的作用。其中，美国卡内基教学促进基金会于 1998 年成立了卡内基教与学学术研究学会（CASTL），其目标是促进大学教与学学术的发展。自从 CASTL 成立以来，已经有 200 多所院校与之建立校园项目合作。另外，美国高等教育联合会在推动教学学术发展中也起到了很大的作用。虽然该联合会已于 2005 年解散，但它发起的关于让教师全面投入教学工作的学术论坛得到了美国全国范围内高等教育机构和教师的关注。

（3）晋升和终身职位评审和评价

最先根据教学学术思想提出对教师工作进行全面革新的是美国俄亥俄州的肯特州立大学。1991 年该校校长根据博耶的思想将学术进行了重新定义，把大学教学放在重要位置，重新制定评价和奖励教师工作的方法。美国伊利诺伊大学对教学学术进一步下了定义：对公开的教和学进行系统的反思，校园内许多教师都对教学学术进行讨论、组织研究项目。

（二）国内研究

自 1990 年博耶提出教学学术思想以来，我国学者对教学学术的内涵、发展障碍、发展途径等方面做了一定研究，取得了一定的研究成果。这对促进我国教学学术研究以及大学教师专业发展都具有较大的借鉴意义。

20 世纪末，自我国大学扩招以来，伴随高等教育规模的迅速扩张，高等教育质量越来越得到学者们的高度关切，而教育质量与教师水平直接相关，因此，大学教师专业发展问题自然成为学者们关注的聚焦点。大学的教学、科学研究和社会服务三项职能决定了大学教师专业发展的三个维度，可以看出，教学发展是大学教师专业发展的重要组成部分。潘懋元等人认为："狭义的大学教师专业发展，更重视其作为教学者的发展与提升，也就是强调大学教师教学能力的提升。"① 教学学术自然成为研究大学教师专业发展的一个不可或缺的重要维度。

博耶认为，学术不是特指专业的科学研究，而应该涵盖相互关联的四大方面内容，即"探究的学术、整合的学术、应用的学术和教学的学术"②。探究的学术，即通过科学研究来发现新知识，拓展人类的知识领域；整合的学术，即将科学发现置于一个更大的背景，促进更多跨学科的交流和对话，发挥不同相邻学科的综合优势；应用的学术，即发现一定的方法去把知识和当代的问题联系起来，以解决实践中的问题；教学的学术，即如何进行知识传播的学术。这一思想拓宽了传统"学术"的内涵，将教学学术置于与其他三种学术相同的地位，并试图通过提升教学学术的地位来消解教学与科研对立的不良局面，进而引起大学管理者及大学教师对教学的关注。他特别主张"要给予教学学术以新的尊严和新的地位，以确保学术的火焰不断燃烧"，并认为"教学支撑着学术，没有教学支撑的学术，其发展将难以继续"③。博耶的教学学术思想问世以后，引起美国国内外很多教育专家的高度关注。后来，在美国卡内基教学促进基金会，特别是在美国教育家舒尔曼的大力助推下，迅速发展成一场影响巨大的大学教学学术运动。随着研究的不断深入及认识的逐渐明晰，舒尔曼等认为，教学学术不但应该强调对"教"的研究，也应该重视对"学"的研究，因此，教学学术运动又发展成教与学的学术运动。当前，关于教学学术的研究早已经走出美国，涉及澳大利亚、俄罗斯、加拿大、英国等多个国家和地区。

1. 关于教学学术的内涵研究

就目前我国学者的研究成果来看，关于教学学术的内涵主要有如下几种观点。

（1）强调交流与评价的观点

有学者认为："把教学作为一种学术，意味着不仅将教学作为一种活动，还作为一个探索的过程。当教师将工作公开，接受同行的评价和批评，并与所在专业社团的其他成员进行交流时，反过来又加强了自己的工作。这时教学就变成了教学学术，而这些也是所有学术所具有的特点。"④ 也有学者认为，

---

① 潘懋元，罗丹. 高校教师发展简论 [J]. 中国大学教学，2007（1）.

② 吕达，周满生，丁枫. 当代外国教育改革著名文献：美国卷：第三册 [M]. 北京：人民教育出版社，2004：18-24.

③ 欧内斯特 L 博耶. 关于美国教育改革的演讲 [M]. 涂艳国，译. 北京：教育科学出版社，2002：78.

④ 王玉衡. 试论大学教学学术运动 [J]. 外国教育研究，2005（12）.

教学学术是"教师从实践中（教学实践）提取中心问题，通过使用合适的方法对这个问题进行研究，将研究成果应用于实践，并与同行进行交流、反思及接受同行评价的过程"[①]。

（2）强调能力的观点

有学者将教学学术定义为："大学教师的专业知识和教育理论知识功底以及在其学科领域进行教学时通过教学研究、合作交流、反思实践等活动表现出来的发现、综合、应用的能力。"[②] 无独有偶，也有学者认为，教学学术是"教师在本专业学科，从事教学、科研、开发等职业活动时所表现出来的发现、综合和应用的能力"[③]。

（3）强调知识的观点

如熊小燕等人认为，教学学术是"基于大学课堂教学研究，以学科教学内容、一般教学法知识为核心，指向改善大学教师的教学实践，并把学科教学中的教学理论知识上升到高等教育学知识体系的一种学术"[④]。綦珊珊也认为，"教学学术是关于教学的系统而专门的学识和知识"[⑤]。

（4）强调创新性成果的观点

张其志认为，教学学术必须是"优秀的教学和学术性教学，并通过教学的积累和反思生产出研究性和创造性的可见成果"[⑥]。

2. 关于教学学术的构成要素研究

在我国，较早对教学学术进行研究的俞信等学者认为，教学学术主要包括"对党的教育方针和教育政策的理解情况，教育学与教学论的理论功底，教师在教学活动中所表现出来的能力，教学活动的创造性"[⑦]。綦珊珊认为，教学学术包括知识成分、能力成分和素质成分三个方面。其中，知识成分是教学学术的基础，能力成分是教学学术的保证，素质成分是教学学术的有效支撑[⑧]。也有人从侧重能力的角度探讨教学学术的构成，如"教学学术包括成熟的专业技能与知识、良好的合作能力、创新意识与能力、持续的学习和研

① 袁维新. 教学学术：一个大学教师专业发展的新视角 [J]. 高教探索，2008（1）.
② 耿冰冰. 大学教师教学学术水平的内涵 [J]. 北京理工大学学报（社会科学版），2002（11）.
③ 俞信，于倩. 着力提高大学教师的教学学术水平 [J]. 中国高等教育，2000（Z1）：13-14.
④ 熊小燕，郝京华. 大学教学学术思想及大学教师的成长 [J]. 黑龙江教育学院学报，2010（4）.
⑤ 綦珊珊. 论大学教师的教学学术 [D]. 长沙：湖南大学，2005：16-18.
⑥ 张其志. 大学教师教学学术评价的若干问题 [J]. 高教探索，2011（4）.
⑦ 俞信，于倩. 着力提高大学教师的教学学术水平 [J]. 中国高等教育，2000（Z1）：13-14.
⑧ 綦珊珊. 论大学教师的教学学术 [D]. 长沙：湖南大学，2005：20-24.

究能力"①。

不同学者对教学学术理解存在差异，造成了对教学学术内涵理解的多元状态，这种内涵上的多元理解在一定程度上成为重构教学学术内涵的障碍。但是，不同理解也丰富了人们对于教学学术的认识。虽然人们对教学学术的概念还没有形成统一观点，但对于教学学术的构成成分大体有了共识：合作交流、反思、公开化、研究性、创造性的可见成果等。

3．关于大学教师教学学术发展的障碍研究

近年来，我国的俞信、于倩、张安富、靳敏、冯军等学者对大学教师教学学术发展障碍问题进行了一定研究。冯军认为，教学学术发展的主要障碍包括：教育市场化倾向导致大学教学特征发生变化，科研强势导致大学教学地位下降，教学研究不足导致学术话语权丧失，等等②。但是，俞信、张安富等大多数学者的观点接近，认为大学教学学术发展的主要障碍在于：

（1）对教学学术的认识普遍存在局限性

以往对学术的看法是，学术即科研。学术特指那些能产生新思想、新观点以及新知识成果的活动。传统对教学的看法是，教学就是向学生传递知识和技能，是一种简单的、重复的传递性活动而已，与学术研究无关。长期以来，在人们的观念中，习惯把学术等同于科学研究，等同于学术论文发表，等同于学术专著出版，把"学术至上"误解为"科研至上"，根本没有认识到，教学也需要探索与发现、分析与综合、设计与实施，需要教师进行创造性劳动。归根结底，是教师和管理者在思想上存在教学不是学术活动的偏见。

（2）大学教师对自身的教学学术责任认识欠缺

教师教学学术责任意识集中体现在教师对教育教学工作高度的责任感，但是，在教学实践中，很多教师的价值观出现了问题，功利色彩严重，教学学术责任不断淡化，因此，"教学——大学最根本、最核心的职能开始边缘化，大学教师行为也与'师者，所以传道受业解惑也'的使命渐行渐远"③。

（3）大学教师评价制度缺乏教学学术的价值体现

在大学教师考核评价中，教学与科研的成果很少能得到同等的对待与激励。学科学术成果有系统、明确的奖励标准，而很多教学学术成果的激励措施和奖励标准模糊，因此，教师在教学学术方面的努力没有得到应有的承认。对教学学术忽视的直接后果是，教师对教学投入与产出的不平衡产生心理上

---

① 刘桂莲. 教学学术：高校教师专业化的重要视角［J］. 教育研究与实验，2009（4）.

② 冯军. 论大学教学学术的培育［J］. 教育发展研究，2010（7）.

③ 张安富，靳敏. 崇尚教学学术：提高高校教学质量的现实选择［J］. 中国大学教学，2010（11）.

的挫败感。张安富等认为，我国大学教师评价制度缺乏教学学术的价值体现是导致教师轻视教学的一个重要的制度因素[①]。第一，大学教师评价过程中过于注重"数量化"的要求。目前，大学教师的业绩考核中，过于看重教师的学术论文、著作和科研项目的数量以及完成教学工作量的情况，"以数量论英雄""以论文、著作和课题论英雄"的现象十分严重。诚然，这种评价虽然便于操作，但是很容易陷入简单化、片面化和虚假化的误区。应该明确，学术成果的数量与学术质量之间不能简单地画等号，划时代的成果无法用论文的多少加以衡量。更重要的是知识的生产一味追求数量的多少，必然带来学术造假与浮躁习气的盛行，同时不断加剧教师对教学工作的漠不关心。第二，教师职称晋升制度中淡化教学学术价值的体现。大学教师的学术既包括探究的学术、整合的学术和应用的学术，也包括教学学术。但在教师职称晋升过程中，往往十分忽视对教学学术的评价，关注点主要集中在科研课题的级别和经费的多少以及论文发表的数量及刊物的级别。可以说，评价制度就像高考的指挥棒一样，对教师的行为起到重要的导向作用，制度指向哪里，教师就会行动到哪里。因此，大学教师评价制度缺乏教学学术的价值体现，是大学教学学术发展的重大障碍。

此外，教学学术的自身理论的成熟度不高以及教学学术难以量化评价等因素也是教学学术发展的重要障碍，但是，教学学术的自身理论的成熟度不高和难以量化绝不可以成为忽视它的充分理由。

4. 关于借助教学学术水平促进大学教师专业发展的研究

"借鉴教学学术的理论，大学教师专业发展的核心在于'教学专业'的发展，而'教学专业发展'的实质则在于牢固确立'教学学术'的理念，自觉加强对大学教学本身的研究。"[②] 梳理学者们的观点，可以看出，促进教学学术发展的措施可以概括为：

（1）理念更新层面

真正树立教学学术理念，这是发展教学学术的行为先导。一方面，大学管理者应该与时俱进，更新学术观念，厘清大学教师发展思路，真正意识到大学教学也具有较强的学术性，率先确立教学学术的理念，这样才能把教学学术发展摆在应有的位置并加以重视。只有这样，才能真正摆脱轻视教学以及教学学术的不良现状。因为大学管理者的理念决定大学教师评价政策的制定，而评价政策又是教师行为的指引。另一方面，广大教师也要转变学术观念，

① 张安富，靳敏. 崇尚教学学术：提高高校教学质量的现实选择 [J]. 中国大学教学，2010（11）.
② 王建华. 大学教师发展："教学学术"的维度 [J]. 现代大学教育，2007（2）.

树立教学也是学术的理念。这将直接影响到他们是否潜心研究教学。只有当追求教学学术成为高度自觉之时，教师才能把教学当作首要责任，才会自觉致力于教学研究，不断提升教学学术水平。同时，必须意识到，教学学术与学科专业学术相比，教学学术通常属于跨学科研究，强调应用性研究，更注意指向教学实践。"如果说专业学术的目的在于生产本专业高深的学科知识，那么教学学术就是'大学教师自觉地对于如何才能更好地传播本专业高深知识'所进行的科学研究的成果，生产的是学科教学知识。"①

（2）策略实施层面

扎实落实，这是发展教学学术的核心。袁维新认为，行动学习、教学反思、教学研究、学术交流是促进教学学术发展的有效方法②。时伟教授的观点最富有创新性，他认为，应该突破单一的教师专业发展模式，立足学术取向，"形成以学位教育模式为根本，以社区教育模式为辅助，以校本教育模式为重心的系统专业发展模式体系，以促进大学教师教学学术水平的提升，从而促进大学教师专业发展水平。"③ 但也有学者认为，"教学学术的积淀既需要这三种模式的相互融合，在融合的过程中消除各自存在的缺陷，不断增强合力，发挥累积效应，更需要教师对教学进行实践反思与校本研究。因此，以校本教育模式为核心的教师发展体系的构建无疑是极其重要的"④。

（3）制度设计层面

科学设计，这是发展教学学术的有效保障。虽然很多学者都从诸如"改革教师学术评价标准，加大教学学术在学术评价中的权重"等方面论证了制度革新问题，但是，最具代表性的是陈伟等人的观点。他们认为，制度问题必须通过制度重构才能解决。教学学术的发展急需制度培育、制度繁衍和制度的价值认可的系统支持⑤。第一，教学学术的培育制度设计，特别强调教学学术的校本教育模式的重要性。第二，教学学术的繁衍制度设计。研究生教育不仅应从科学研究角度繁衍大学教师，更要从教学学术视野繁衍高校教师。为此，有必要在研究生教育中彰显教学学术的价值，加强教学学术能力的培养，对有意从教的研究生开展教学培训。第三，教学学术的价值认可制度设计。建立教学学术价值的认可制度是回归教学学术应有地位的必要保证。其

---

① 袁维新. 教学学术：一个大学教师专业发展的新视角 [J]. 高教探索，2008（1）.
② 袁维新. 教学学术：一个大学教师专业发展的新视角 [J]. 高教探索，2008（1）.
③ 时伟. 大学教师专业发展模式探析 [J]. 教育研究，2008（7）.
④ 吕林海. 大学教学学术的机制及其教师发展意蕴 [J]. 高等教育研究，2009（8）.
⑤ 陈伟，易芬云. 从遮蔽到去蔽：教学学术发展的制度分析 [J]. 高教探索，2010（4）.

制度建设的基本点在于，教师在教学学术水平评价方面享有一票否决权；其制度核心在于改革学术职务评审制度，建立"教学型教授"系列的职务评审体制。

从以上情况可以看出，我国学者对教学学术的内涵、发展障碍、发展策略等方面进行了一定的研究，也取得了初步成果。但是，教学学术若想得到真正的发展还面临许多挑战，需要进一步研究。第一，教学学术内涵的"最佳界定"问题；第二，教学学术发展障碍的深层次原因分析问题，此问题不解决，就很难找到有效解决问题的办法；第三，发展教学学术切实可行的行动方案问题；第四，教学学术维度及制度层面上的评价问题，这是当务之急，否则，教学学术理念就很难转变成有价值的美好现实。

第四节　教学学术概念界定

20世纪90年代，美国当代著名教育家、卡内基教学促进基金会主席博耶对美国高等教育进行了系统而深入的研究，出版了著作《学术反思——教授工作的重点领域》（1990），率先提出了"教学学术"大学教学思想。博耶认为，学术包括相互关联的四个基本方面，即探究的学术、整合的学术、应用的学术和教学的学术。其中，教学的学术是一种通过咨询或教学来传授知识的学术，即传播知识的学术[①]。

关于教学学术的内涵，学界已进行了诸多探讨，但尚未形成较为全面、权威的诠释。其中，卡罗琳·克莱博等研究者通过相关文献的综述，归纳出目前关于教学学术的三种代表性观点：①教学学术是教师生产研究性和创造性的可见成果，教和学的研究是教学学术的一个重要方面。②教学学术等同于优秀教学。这种观点背后的教学学术所指的教师是由学生和同行评价出的拥有广泛的关于教和学知识的优秀教师群体。③教学学术和学术性教学相似，是教学领域的学者们所使用的将教育理论和研究运用于实践中的学术性取向。教学学术意味着教师通过将对理论和研究的反思与以往来自教学经验的知识相结合产生的一种实践智慧。在这三种代表性观点中，业界普遍认为，唯有第一种理解比较接近教学学术的本意。与之相比，优秀教学与学术性教学的侧重点仍然在于"教学"，并没有突出"学术"的含义[②]。教学学术作为学术

---

① 吕达，周满生，丁枫. 当代外国教育改革著名文献：美国卷：第三册［M］. 北京：人民教育出版社，2004：17-24.

② 涂艳国. 多元学术观与大学学术发展［J］. 高等教育研究，2011（11）.

的类型之一，必然既有专业学术的特点，又有教学所独有的特征。总体而言，教学学术具有以下几个突出的特质：

一、交互性

教学学术是基于教学活动而形成的一种学术类型，而教学活动又是交互性很强的行为，教师需要在与学生的互动过程中开展教学，通过学生的反馈改进教学，还需要跟同事通过评价、反思等多种方式进行充分的交流互动，进而促进教学学术成果的形成，正如舒尔曼在《教学学术：新的努力，新的发展》一文中指出的："教学像其他形式的学术一样是一种成果，当教师将工作公开、接受同行评价和批评，并与所在专业社团其他成员进行交流时，反过来又加强了自己的工作，这时教学就成了教学学术。"[①] 所以，教学学术具有交互性的特点。

二、实践性

大学教师的教学本身是一种实践活动，大学提倡自主式的学习，学生在教师的指导下开展自主学习活动，教师关于学科知识、教学方法、学习方式的研究成果最终都要通过教学活动予以实践和检验。因此，大学教学学术具有明显的实践性。教育理论具有普适性，而教学实践则千差万别。教育教学理论虽然为大学教师的教学提供了基础性的理论依据，但是面对千变万化的教学实践情景，教师需要有的放矢地对教学活动进行个性化的设计，在解决教学问题的同时，总结经验，不断改进教学方法，完善教育教学理论，提升自身的教学水平和教学质量。因此，教学学术是以教学问题为牵引，在"理论与实践之间的彼此交易、循环迭代、相互提供信息的过程中"[②]，获得更加完善与精致化的实践改进及理论成果。

三、探究性

舒尔曼等人认为，"将教学视为学术的一种，就要不仅将教学作为一种活动，而且要作为一个探索的过程。"[③] 因此，教学学术具有探究性的特点。实际上，大学教学在本质上就是一种富有创造性的探究活动。因为大学教师教

---

①　涂艳国. 多元学术观与大学学术发展 [J]. 高等教育研究，2011（11）.

②　吕林海. 大学教学学术的机制及其教师发展意蕴 [J]. 高等教育研究，2009（8）.

③　王建华. 大学教师发展："教学学术"的维度 [J]. 民办教育研究，2007（1）.

育的对象不是相对静止的冷冰冰的物体，而是活生生的具有独立思想的人，特别是对于已经成年的大学生群体，他们的思维活跃、充满想象，更容易提出让人意想不到的问题。这种特性决定了大学教师需要经常面对教学预案之外的教育情境，需要处理即时发生的教学问题，这就要求大学教师改变只凭经验进行教学的习惯，不断探索、研究新的教学方法和教学内容，以适应教学需要[①]。而在教学探究的过程中，决不能仅凭一人之力埋头苦干，而要与学生、同行进行交流乃至合作，方能取得有效的成果。

四、创造性

大学教师的教学活动不是一种单纯的传递知识的重复性劳动，而是一种富有创造性的研究活动。因此，大学教师的教学学术具有很大的创造性，这种创造性既渗透于实践活动层面，也彰显于理论生成层面。

从实践层面看，教学具有实践性的特点，因此大学教师教学学术的重要成果是教师实践性知识的生成。教师的实践性知识是指教师真正信奉的，并在其教育教学实践中实际使用和（或）表现出来的对教育教学的认识。实践性知识主要包括教师的教育信念、教师的自我知识、教师的人际知识、教师的情境知识、教师的策略性知识和教师的批判反思知识等[②]，无论是哪一个方面的实践性知识，都不是一成不变的。教师实践性知识的形成和变化是一个不断建构的过程，随着教师教育实践经验的积累和同行交流的增加，教师的实践性知识不断地发生同化（即把新信息吸收到个人已有知识系统中）和顺化（即当新信息不能被个人已有知识系统所接受时通过重组形成新的知识结构体系），从而得到不断更新和完善，而这本质上就是一种创新的过程。具体而言，教师开展教学活动的各个环节，是在借鉴现有教育教学理论知识的基础上，生成教学设计、解决教学问题、深化教学理解、改革教材教法、革新教学模式的动态过程，这都是教学实践创造性的体现。

从理论生成层面看，教学学术的理论成果有赖于对已有教学实践经验的积累和总结，前人实践形成的教学学术成果与不断更新的教学实践成果相互整合、修正，从而形成更为先进的教学学术成果，将"实践经验进行优化提升、系统发展，形成规范的知识体系，产生学术文本，这是学术研究活动的重要阶段与形式"，而这正是创造性的重要体现。

---

① 耿冰冰. 大学教师教学学术水平初探 [J]. 学位与研究生教育，2002（2）.
② 陈向明. 实践性知识：教师专业发展的知识基础 [J]. 北京大学教育评论，2003（1）.

五、反思性

反思性是教学学术的另一重要特点。著名学者格拉塞克与他的同事为了改善教学学术，撰写了《学术水平评估》一书，设计了一个简单而有效的学术评估框架。此框架适用于评价任何类型的学术，包括教学学术，其中心思想是用六种标准评价教学学术，包括明确的目标、充分的准备、适当的方法、有意义的成果、合适的表达和反思性批判。最后一个评价标准反思性批判是格拉塞克框架的精华所在，它用于帮助检查学术是否适合主要的学术价值①。实际上，大学教师要实现教学学术的快速有效发展，经常开展教学反思是一种有效而重要的手段。只有在教学反思中不断总结经验，改进教学观念，完善教学方法，改善教学行为，并将之上升到理论层面，才能最终确立具有个体特色的教学学术价值取向，最终发展自身的教学学术。

基于对教学学术特质的分析，可以认为，教学学术包含两个范畴的内容。一是知识范畴的内容，包括教育教学理论知识的继承与创新，即为什么而教、教什么和怎么教的知识。既要强调已有前沿知识的掌握，又要强化教师实践知识的生成与创造，更要强调在教师的实践反思过程中理论与实践性知识的结合而形成的实践智慧。二是能力范畴的内容。大学教师的教学工作，既是再造知识的过程，又具有较强的理论和实践知识的创新成分；既需要理性思考，又需要激情和灵感的参与，这些都体现了教师教学的个性化和创造性。为此，教师传播知识的能力就成为教学学术不可或缺的内容。教学学术能力包括：教学反思与自我监控能力，教学体系和教学内容的深入理解和再造能力，教学方式方法、教学模式的革新能力，实践知识和实践智慧的生成能力，合作与交流的能力，课程开发的能力，书面语言转化为教授语言的能力，等等。结合以上认识，可以认为，教学学术是指教师在教学过程（指开放性的教学过程观，不仅包括课堂教学，更包括理性的备课和课后的反思与研究过程）中，通过合作交流、反思评价、理性思考等途径对教学活动在继承、发现、综合及应用等方面所表现出来的高超能力与所取得的创新性成果。

---

① 王晓瑜. 大学教师发展教学学术的若干理论问题探究 [J]. 教师教育研究，2009 (9).

第二章　教学型大学教师教学学术的价值

第一节　大学教学的学术性

当下的高等学府中，崇尚科研或科研主义早已经是一个公开的、不能回避的事实或秘密。广大教师重视专业的科学研究，轻视本职教学更是普遍现象。"这种偏差在我们所使用的语言里也可以看得出来：我们把研究看成'机会'（opportunity），而把教学当作'负担'（load）。"[①] 其主要原因在于没有把教学当学术，导致对教学的忽视。

一般认为，学术是纯理论性的活动，教学是纯实践性的活动，认为教学不是学术活动。那么，教学是不是学术呢？美国学者舒尔曼认为，教学是一种学术，其依据在于：第一，教学学术的实践进程与科学研究的过程相同，都要经历选择问题、查找并筛选相关资源、确定问题的解决方案、解决方案的实施等，并对结果进行反思与分析；第二，所有能被看作学术的活动，至少具有三个重要特征：①可以公开的；②能够面对质疑与批评的；③能够和学术界中的成员进行交流和使用的。这就是所有形式的学术的核心内容[②]。而大学教师的教学完全符合上述三个特点。

我国学者对"教学具有学术性"的问题也进行了比较深入的探讨。耿冰冰从发现（大学教师的教学是研究教与学本质的活动）、综合（大学教师必须综合多学科知识才能提高课堂教学质量）和应用（教师发现和综合的成果在实际工作中产生的效益及所做出的贡献）三方面论证了大学教学具有学术性。[③] 綦珊珊认为，大学教学是一种学术活动，是由大学教学的特点决定的。其依据主要包括：①教学任务的复杂性和多样性。既要传授知识、发展智能，

---

① 欧内斯特·L.博耶.关于美国教育改革的演讲 [M].涂艳国，译.北京：教育科学出版社，2002：78.

② 王玉衡.试论大学教学学术运动 [J].外国教育研究，2005（12）.

③ 耿冰冰.大学教师教学学术水平初探 [J].学位与研究生教育，2002（Z1）：2-3.

又要对学生进行方法论教育，还要培养学生的情感、态度和价值观等。②教学内容的高深性。讲授高深性知识并被学生充分理解与掌握对教师来说是一种挑战，这不仅需要大学教师对所教教学内容的准确把握与深入探讨，还要求大学教师采用恰当而有效的教学方法与艺术。③教学对象的差异性。班级授课制早已成为大学主要的教学组织形式，虽然这种形式可以大幅度提高教学效率，但是使教师的教学面临学生的知识、能力、基础、学习动机及学习兴趣等差异性的难题。破解这一难题，需要大学教师不断探索如何处理好面向全体与兼顾个体差异，进行因材施教的问题。这就要求教师具有研究不断发展变化的学生的意识和能力。④教学情境的复杂性。大学教学情境具有高度的复杂性、动态性和不确定性，这就需要教师具有问题意识，及时发现教学情境中存在的问题，不断地分析与研究教学情境，并理性地解决问题。⑤教学的探索性。教学不是学生被动地接受知识，而是在教师的指导下，学生通过探索，主动地构建知识的过程。因此，教师要在动态的教学过程中，不断研究教学方法，和学生探索性地推动教学进程，最终实现教学的有效性①。

综上所述，可以看出，大学教学具有学术性：第一，大学教学可以公开交流和接受评论；第二，大学教学的基本特征决定了大学教学是专门和系统的学问；第三，大学教学符合格拉塞克等人提出的"目标明确、准备充分、有效表达和批判反思、方法适当和结果显著"的学术标准。如果说大学教学不是学术活动，自然与大学教师是学术性职业的事实相背离，也就淡化了教学的中心地位，势必影响广大教师对教学的投入及教学质量的提高。

第二节　教学学术：教学型大学教师专业发展的基本选择

大学教师的专业发展是大学发展的基础，不同类型大学的教师发展目标有所不同。教学型大学教师发展的基本选择是教学学术的发展，这是由教学型大学的定位、大学教师发展的多样性及"全能型"大学教师发展的不可能性决定的。

随着我国高等教育大众化时代的到来，承载高等教育大众化教育主力军的教学型大学的数量不断增多，其规模也已经实现了跨越式的发展。有学者曾于 2003 年对 591 所普通本科大学进行统计发现，研究型大学为 37 所，研究教学型大学为 80 所，教学研究型大学为 133 所，教学型大学为 341 所②。

①　綦珊珊. 论大学教师的教学学术 [D]. 长沙：湖南大学，2005：16-24.
②　武书连，吕嘉，郭石林. 2003 中国大学评价 [J]. 科学学与科学技术管理，2003（2）.

可以看出，教学型大学占 57.7％。美国著名学者马丁·特罗认为："量的扩张必然引起质的变化，随着高等教育的不断发展，不仅接受高等教育的人数在发生变化，高等教育也逐渐发生了质的变化。"[①] 既然高等教育已经发生了量的和某些质的变化，为了保证人才培养质量，真正实现教学型大学规模、质量、结构和效益的协调发展，需要解决的问题很多。其中，教师发展是核心问题之一。不同类型的大学对其教师发展的要求有所不同，教学型大学由于定位、职能等的特殊性，其教师发展的方向也具有特殊性。目前，我国教学型大学教师的教学水平令人担忧。导致这一现象的重要因素之一在于对"教学发展"的忽视、对"学术"的狭隘理解（教学不是学术）。因此，要真正提高教学型大学的教学质量，必须改变现有的学术观念，树立教学学术的理念。教师的教学学术水平的提高是教学型大学教师发展的当务之急。教学学术是教学型大学教师发展的基本选择。

学者陈碧祥认为："大学教师发展是大学教师从事教学、研究及服务工作时，经由独立、合作、正式及非正式等进修、研究活动，引导自我反省与理解，增进教学、研究及服务等专业知识与精神，主要目的在于促进个人自我实现，提升学校学术文化，达成学校教育目标，从而提升整体教育质量。"[②]可以看出，高等教育的教学、科研和社会服务三大职能决定了高校教师发展的三个维度。其中，教学发展是大学教师发展的重要内容，教学学术是研究大学教师发展的一个重要维度。在教学型大学中，教师也要从事学科专业研究和社会服务，那么，为什么教学学术是教学型大学教师发展的基本选择呢？学者潘懋元等认为："狭义的高校教师发展，更多地强调其作为教学者的发展和提高，也就是强调教师教学能力的提高。"[③]

一、教学型大学的特殊定位

不同类型的大学应该有不同的定位和发展方向，《关于中国教育改革和发展纲要的实施意见》中明确指出："不同类型、不同层次的高等教育应有不同的发展目标和重点，办出各自的特色。"教学型大学应该以教学为核心，以培养应用型人才作为自己恰当的定位。具体地说，以培养本科生为主，通过教学活动向学生传授知识和培养能力为己任，以培养社会适应能力，造就应用型人才为目的。如果说研究型大学（教学学术不是最主要的，但它确是必需

①　马丁. 特罗. 从精英向大众高等教育转变中的问题 [J]. 外国高等教育资料，1999 (1).
②　林杰. 大学教师专业发展的内涵与策略 [J]. 大学教育科学，2006 (1).
③　潘懋元，罗丹. 高校教师发展简论 [J]. 中国大学教学，2007 (1).

的）以科研作为其突出特征的话，那么教学型大学应该立足于自身定位，更加强调教学职能的实现。"教学型院校中，教师的第一要务则是教学。"[①] 教学发展是教学型高校教师发展的核心，也是教学型高校教师发展的逻辑起点。可以说，传授知识、培养能力等应该是这类大学教师的主要任务，他们应该把教学学术看作学校发展的根本和教师发展的根基。

目前，虽然很多大学把自己定位为教学型学校，但是由于上级主管部门对大学评价的单一性和教师职称评审制度的导向，加之很多大学管理者根深蒂固的"学者必良师"的错误观念，"重科研，轻教学"倾向明显，严重伤害了教师教学和从事教学学术研究的积极性。致使教师们忙于跑课题、写文章（写文章不一定是做科研），甚至生产文字垃圾，把教学看成了额外负担，其客观效应是对大学教师发展方向起到了误导作用，对大学教师的发展产生了巨大负面影响。"受害的不仅仅是本科生，最终受损的还是国家。"[②] 对于高校管理者而言，需要摆正自己学校的位置，厘清管理思路，正确引领教师发展的方向。

二、大学教师发展多样性的需要

大学是多层次、多类型的，大学教师的发展也具有多样性特征。倡导大学科研"本身并不构成问题"，但是问题在于，只与某些大学匹配的研究使命泛化到其他大学，用一个统一的标准去考核所有大学，结果出现了科研对教学的负面影响，导致了对大学科研的系列反对呼声[③]。

第一，个性差异决定了大学教师发展的多样性。国外关于高校教学与科研关系的个性差异模式（differential personality model）认为，科研和教学要求不同的个性特征[④]。研究者喜欢独立思考，对外界反应冷漠。教师则不同，他们喜欢交流，能对外界干扰和压力做出积极反应并加以有效处理，喜欢与学生沟通。两种活动要求的个性特征背道而驰，并且同时具备上述两种个性特质的教师少之又少。博耶曾经提出"创造性契约"的观点，他认为，根据这种契约，有些教师可以决定在未来的几年里，主要从事创新性的研究工作，少做一点教学的学术工作。几年以后，他们可能主要从事应用知识的研究工

---

① 潘懋元，罗丹. 高校教师发展简论 [J]. 中国大学教学，2007（1）.
② 王建华. 大学教师发展："教学学术"维度 [J]. 现代大学教育，2007（2）.
③ 国家教育发展研究中心. 发达国家教育改革的动向和趋势 [M]. 北京：人民教育出版社，1994：25.
④ 高德胜. 国外高校教学和科研关系研究述评 [J]. 上海高教研究，1997（11）.

作。每个教授可以在一定的时间内转移自己的学术工作重点①。根据上述观点，可以发现，在新的学术范式下，大学教师的发展应该具有一定的灵活性。教师有权利根据自己的兴趣和爱好来转移他们的工作重点。这种灵活、合理和周期性的转移，既能满足大学教师的工作兴趣，又能使大学教师在某个时期内专注于某项工作。

第二，智力差异决定了大学教师专业发展的多样性。哈佛大学心理学家加德纳的多元智力理论认为，每个人都拥有相对独立、相互平等的八种智力，但其在外部表现上有很大的差异，即使一个人有很高的某种智力，却不一定有同种程度的其他智力，各种智能并不是平均发展，存在优势智力。为此，我们应该根据教师的智力特点发展其优势智力，这样才能加强大学教师发展的针对性以及实现教师的潜能。

第三，个人精力的有限性决定了大学教师发展的多样性。国外关于高校教学与科研关系的稀缺模式（scarcity model）认为，人的时间和精力有限，同时从事多项工作必然导致角色冲突，甚至引起混乱②。在一方面的投入必然影响在另一方面的投入，教师很难在两者之间把握平衡。也有研究者发现，很多教师以精力不足为自己的教学效果差寻找托词，那些成果颇多的研究者往往对教学工作报以最消极的态度，而那些研究成果最少者往往以最大的责任心和精力投身于教学工作当中。这从一个侧面说明了教师专业发展需要多样性，才有利于教师的充分成长。

为此，一方面，教学型大学应该根据学校定位，制定具有导向性的政策和措施，引导广大教师积极投身于教学工作，利用更多的精力和时间开展教学学术研究。当然，对于部分学科专业方面研究能力强的教师，也要鼓励他们致力于相关学科领域的研究，这样才能真正实现教师发展的多样性，才能深入挖掘教师的潜能，使每个教师最终实现各自的最大价值。这是以人为本的重要体现。另一方面，大学教师应该根据智力、个性及精力差异等因素对自己有一个恰当而合理的发展定位，从而打破目前"教学和科研齐头并进"这种看似可能而对大部分教师而言实际不太可能的局面。

总体上来说，教学型大学教师发展的多样性应该以教学发展为核心，以教学学术为根基。

---

① 欧内斯特 L 博耶. 关于美国教育改革的演讲 [M]. 涂艳国，译. 北京：教育科学出版社，2002：79.

② 高德胜. 国外高校教学和科研关系研究述评 [J]. 上海高教研究，1997 (11).

三、"全能型大学教师"发展的不可能性

在大学里，"教学和科研的统一性"原则是威廉·洪堡于 19 世纪初首先提出的。随后，这一原则迅速得以传播，成为世界高校教师发展的一条基本原则。从某种角度来说，大学教师的"全能型"发展是可能的，但是这种可能性是有条件的。

第一，从科学方面看，"纯科学"成为科学主流。"纯科学"的基本特征有以下几点：①动机纯正，教授们通过从事科研活动而达到精神上的自我实现；②过程纯正，大学教授是出于个人兴趣和爱好而从事研究工作，其薪酬不决定于他的科研成果，而主要取决于他的教学工作的数量和质量；③结果纯正，教授们每当有新的发现，他们立即将其公布于众，成为人类共享的财富（不是为了成果转化等带来个人利益）。这一切都体现着大学教授应有的精神追求和人格境界。

第二，从大学的角度看，大学应该具有"纯大学"的组织特性：大学是纯正的高深知识的殿堂和学术圣地，神圣而又纯洁；大学旨在培养学术领袖和知识英才；学生人数稀少，有条件实现师生之间共同学习甚至共同生活；大学远离尘嚣，不为权势和利禄所诱惑，独立而自由①。由此可以看出，洪堡时代的大学精神是非常浓烈的。教师能够充分做到"一切为了高质量的人才培养"而工作，具有为科研而献身、不为功名利禄所左右的纯洁精神，保持中立和自由的内在品质。这是洪堡提出"教学和科研的统一性"原则的重要基础。

洪堡提出"教学和科研的统一性"原则已经过去两个多世纪了，科学、大学和人们的价值观都发生了巨变。"纯科学"占主流的局面基本不复存在，科学早已发展到"大科学"时代。在"大科学"时代，除了有自然科学外，又衍生出若干科学分支。更重要的是大学教师的科学研究的价值观更多地渗透着功利化色彩。同时，大学组织的功能在不断变化，不同大学的功能也在不断分化。①高等学校的类型多样化，不仅有研究型大学，还有众多的研究教学型、教学研究型和教学型大学；②培养目标的多样化，除了部分"985""211"大学继续承担着培养知识精英外，大部分大学都根据社会发展的需要，以培养社会所需要的实用性人才为主；③大学教育逐渐"去精英化"，学生人数众多，大班教学趋势严重；④教学手段的现代化，师生间的接触和精神交流越来越少。基于以上条件的变化，可以看出"科研作为教学方法的适用范

---

① 周川. 从洪堡到博耶：高校科研观的转变 [J]. 教育研究，2005 (6).

围相对缩小，效力也相应减弱。"① 同时，可以看出，科学与大学在职能和性质上都已经发生了翻天覆地的变化，教学与科研统一的基础早已开始分化。在此背景下，大学教师的"全能型"发展也受到质疑。

目前，大学中的"全能型"教师的理念严重影响着教学型大学教师的理性发展。其表现为：教师可以同时做好科研和教学工作，成为全能型教师。"学者必良师"的观点是其典型的体现。这种传统观念是建立在教学和科研相互促进的基础上，所以以重视科研工作顺理成章地促进教学工作，教学质量就会相应提高。其实，"全能型"教师只是大学教师发展的一种理想。这实际上是说做好教学工作和科学研究所需要的是一套同样的技能。按照这一逻辑，大学管理者认为鼓励大学教师成为最好的科研人员一定会相应地使他们成为一流的教师，从而促进大学教学质量的提高。② 但是，这些假定和逻辑均没有完全得到经验与数据的支持。大学教师真的能在做好教学工作的同时做好科研工作吗？研究证据证明这种观点是不能完全成立的。詹姆斯·费尔韦瑟（James Fairweather）的研究显示，他所调查统计的两年里，学术著述数量和教学工作量都在平均线以上的教师只占被调查的教师总数的20%，这一比例在不同类型的大学中变化较小，也就是说在美国大学里大约只有20%的教师可以同时做好教学和科研工作。③ 换句话说，绝大多数大学教师是不能同时做好科研和教学两项工作的。费尔德曼（Feldman）的研究发现，学生对教师评分反映的优秀教学和教师科研生产率的相关性微乎其微，总体的相关系数只有0.12④，也就是说教学质量的高低和科研生产率的大小没有很大的关系。海蒂和马什（Hattie & Marsh）的研究结果显示，两者的相关系数更小，只有0.06⑤。甚至有些研究结果证明了相反的情况。韦伯斯特（Webster, D.S.）的研究发现，科研产出和教学效果之间的相关极小或者没有正相关。而拉姆斯登和摩西（Ramsden P. and Moses I.）的研究发现，在澳大利亚学术人员中，从个体和院系层面分析，科研和本科生教学之间存在负相关或者

① 周川. 从洪堡到博耶：高校科研观的转变 [J]. 教育研究，2005（6）.

② 詹姆斯·费尔韦瑟. 论全球化背景下的大学知名度、学术研究及大学教学的相互关系 [J]. 北京大学教育评论，2009（1）.

③ 詹姆斯·费尔韦瑟. 论全球化背景下的大学知名度、学术研究及大学教学的相互关系 [J]. 北京大学教育评论，2009（1）.

④ 詹姆斯·费尔韦瑟. 论全球化背景下的大学知名度、学术研究及大学教学的相互关系 [J]. 北京大学教育评论，2009（1）.

⑤ 詹姆斯·费尔韦瑟. 论全球化背景下的大学知名度、学术研究及大学教学的相互关系 [J]. 北京大学教育评论，2009（1）.

零相关[①]。上述研究成果证明了科研与教学之间的相关度极小，甚至零相关或负相关，因此，科研能力的提升可以促进教学能力的同步提升，科研成果多也即教学效果好的观点是很难成立的。因此，通过激励大学教师成为一流的研究人员从而使他们相应提高教学质量这一论断没有经验与证据的支持。

基于以上研究结果，同时考虑大学教师是人不是神，他们的时间、能力和精力是有限的这一事实，说明对于大部分教师而言，"全能型"教师发展具有不可能性，另外，让所有大学教师都成为科学研究者，也是没有必要的。因此，教学型大学应该紧紧围绕自身定位，恪守"本分"，通过政策导向的作用，正确引导教师发展的方向，强化教学发展，强化教学学术研究激励制度。这样，才能真正发挥教学学术在教学型大学教师发展中的根基作用。

四、大学教师教学学术的价值

系统研究大学教师教学学术，对于拓展大学教学理论，能为大学教师教学质量的提高提供理论依据和实践指导，进而为大学教师专业发展提供支撑。

大学教师教学学术的价值主要体现在如下几个方面：第一，扩大学术的范围。教学学术概念的引入，可以转变大学教师的学术观念，改变那种只有科学研究才是学术的片面认识，使大学教师真正认识到教学学术与探究的学术、整合的学术、应用的学术都处在学术范围之内。第二，促使教师理性地认识大学教学。大学教师不是教书匠，大学教学不是简单的、重复性的操作活动，而是一种学术性活动，教学学术可以促使大学教师从学术视角理性地认识大学教学。第三，促进教师科学地反思与研究大学教学。科学地反思与研究教学意味着教师教学知识观和方法论的变化，意味着教师不断更新教学理念、改进教学方法、提高教学能力，教学学术为教师科学地反思与研究教学提供了坚实的理论根据。第四，丰富教师教学理论，促进教师专业发展。大学教师专业发展是教师从新手教师成长为专家型教师的过程，教学学术是研究教师专业发展的一个重要维度，因为教师专业发展离不开对教学的研究和自身教学学术水平的提升。第五，保证学校高质量地完成教学任务。大学教师的教学学术水平是其有效教学提供科学依据，促进教学实践的合理性，因此，教学学术是教师高质量地完成教学任务，提高教学质量和培养高素质人才的根本保证[②]。

---

① 李宝斌，许晓东. 高校教师评价中教学科研失衡的实证与反思 [J]. 高等工程教育研究，2011 (2).
② 尹航. 大学教师教学学术现状及其提升对策 [D]. 长沙：湖南大学，2008：11-13.

第三章 教学型大学教师专业发展的维度

　　教学型大学是高等教育的重要组成部分，教师专业发展的程度是高等教育质量提升的核心力量。结合教学型大学的人才培养、科学研究、社会服务等职能界定大学教师专业发展的内涵，有助于明确教学型大学教师专业发展方向，增强大学教师专业发展的责任感。教学型大学教师专业发展主要包括教学专业发展、学科专业发展、社会服务专业发展三大领域。其中，教学专业发展是教学型大学教师专业发展的立足与归宿，学科专业发展是教学型大学教师的创新与延伸，社会服务专业发展是教学型大学教师的拓展与增值。三者之间是平行独立且复合叠加的"三螺旋"关系。

　　大学职能观是高等教育领域基本理论问题之一。"职能"与"功能"两个概念在逻辑上是有区别的，但在使用中常常难以精确区分。从逻辑上讲，功能指各种实际具有的能力和作用，而职能则是指应当具有的能力和作用。可见，功能是前提，职能则需要进一步规范和精练。功能常有正负之别，而职能只有正向的。"职能的明晰化和分化是指大学将越来越自觉地明确自己的办学功能定位，从而把某一功能作为自己的中心职能进而发展出自己的办学特色。大学的职能是伴随着时代发展而在不断变迁与拓展，从而体现出教育与社会经济发展相适应的属性。"[①] "其演变过程大体经历了三个阶段：知识传播与人才培养的一元职能阶段，人才培养与科学研究并重的二元职能阶段，人才培养—科学研究—社会服务的三元职能阶段。"[②] 在此问题上，学者们大体达成共识。在大学办学过程中，此三大职能之间不应平行发展，否则容易失去重心和特色，这正是当今大学的弊端之一。不同的职能观导致不同的大学发展观、不同的发展定位，故而身处其中的大学教师也应有不同的专业发展定位和侧重。大学教师发展可以理解为在组织内外环境的约束下，教师为了满足其职业角色的需求，在认知、态度、技能、修养和行为等方面所发生的积

---

① 王洪才. 大学"新三大职能"说的缘起与意蕴 [J]. 厦门大学学报（哲学社会科学版），2010（4）.
② 周石其. 知识观变化下的大学职能演变 [J]. 黑龙江高教研究，2005（2）：24-26.

极变化。也有学者认为"大学教师专业发展是大学教师从事教学、研究及服务工作时，经由独立、合作、正式及非正式等进修、研究活动，引导自我反省与理解，增进教学、研究及服务等专业知识与精神，主要目的在于促进个人自我实现，提升学校学术文化，达成学校教育目标，从而提升整体教育质量"①。我们认为，大学教师专业发展，是指在组织内外环境的影响和约束下，大学教师在从事教学、科研以及社会服务过程中，为了胜任和完成相应职责，通过接受线上或线下的组织培训、群体间的观摩交流、自我反思和自我学习提升等途径，具备相应专业领域内的良好的专业知识、专业技能以及专业精神，最终实现在教学、科研、社会服务等领域的专业水平的提升和发展。因此，大学教师专业发展更侧重于教师自身内在的发展，具有很强的专业性和自主性的特征。大学教师专业发展水平决定了大学的水平和质量。我国高等教育已经逐步由外延式向内涵式发展过渡，大学教师专业发展也已成为大学内涵式发展的重要内容和大学软实力提升的重要标志。

正如不同的大学必须有自己清晰的职能定位，明确自己的发展重点，发挥自己的特色与特长一样，不同大学的教师在专业发展的横纵向维度上，也需要明确自身的专业发展重点和特色。教学型大学主要承担的是为地方培养区域型人才的职责，其开展的科学研究也不同于研究型大学所从事的原创性或基础性研究，更侧重于应用性研究或者以服务教学为目标的教学学术研究；社会服务的领域和类型更多面向大学所在区域及其周边地区。因此，身处其中的大学教师对应的专业发展，应包括教学专业发展、学科专业发展、社会服务专业发展三大板块。三者之间是三螺旋关系，即围绕大学教师专业发展这一主轴，相互交叉叠加、融合促进又平行独立的关系。伴随教师个体从初入职的"生存—适应期"直至"退职前期"这段时间，这三大板块在不同时期的侧重点会有所不同。

第一节 教学型大学教师专业发展的维度构成

一、教学专业发展：教学型大学教师专业发展的立足与归宿

自现代意义的大学成立以来，传授"高深学问"就成为大学的重要职能，也是大学区别于纯粹科研机构的标志。大学教师作为这项活动的"直接责任

---

① 林杰. 大学教师专业发展的内涵与策略［J］. 大学教育科学，2006（1）：56-58.

人"，其教学专业发展水平直接决定了大学人才培养的质量。

（一）教学学术——理论根基

大学成立之初，教学便是其"安身立命"之根本。然而，"自 1810 年洪堡以'科研与教学并重'的理念创办柏林大学起，科学研究就以强势的姿态不断'侵蚀和挤占'教学的中心地位，致使教学在大学中形式上虽仍处于中心地位，实则已被科研无情地边缘化"[①]。这也是大学所培养之人才质量下滑的重要原因。20 世纪 80 年代中后期，当时美国大学教师普遍存在的"对自身专业生活不满及学术工作内涵的困惑"，时任美国卡耐基教学促进基金会主席的博耶在《学术反思——教授工作的重点领域》（1990）一书中，提出了教学学术（scholarship of teaching）的概念。博耶认为学术应包含相互区别又相互联系的四方面，即探究的学术、整合的学术、应用的学术和教学的学术。博耶认为"在教学中，这四个方面的学术工作并非相互孤立、相互排斥，而是相互依存、共同促进，处于同等重要的位置。教学的学术性意味着教师不仅传授知识，而且创造和扩展知识；教师的教学既在培养学生，又在造就学者"。他指出教师的教学学术主要目的是，有效地呈现学科知识，根据一定目的把不同领域的知识有条理地组织起来，使学科知识对学生来说更易接受。[②]博耶的多元学术理念，让我们思考不仅探究的、创新的、整合的学术是学术，推动知识的承继、传播和应用也是学术。当时博耶并没有提出教学学术的具体内涵和标准。博耶报告之后，众多学者从不同角度发展了教学学术的内涵和外延。布莱斯顿（J. M. Braxton）等人提出，教学学术评价的内容应该包括学术活动、未发表的学术成果和发表的学术成果三个方面。学术活动包括指导学生的科研项目、开发新的教学大纲、考查学生高层次思维能力的试卷命题、建立课程参考书目清单、开发新课程等。未发表的学术成果包括向同行发表关于新教学手段的演讲、试验新的教学方法、开发新的学生评价方法、就课程难点设计作业等。发表的学术成果包括发表新的教学方法、评价方法、教学实验的成果等。[③]围绕教学学术相关理论的拓展与延伸，尤其是评价教学学术内容的相关指标的具体化、可操作化，使得教学型大学教师专业发展有

---

① 黄培森. 教学学术视角下大学初任教师专业发展的逻辑［J］. 首都师范大学学报（社会科学版），2014（3）.

② Keith Trigwell. Scholarship of Teaching：Higher education research and development［J］. 2002（2）.

③ 侯定. 博耶报告 20 年：教学学术的制度化进程［J］. 复旦教育论坛，2010（8）.

了坚实的理论基石。

（二）教学学术能力——发展核心

斯坦利·费什（Stanley Fish）曾提出一种观点：唯一称得上大学教育目标的是让学生"发展智力与学术能力"①。它的实现更多取决于教师教学学术能力的高低。博耶对教学学术能力做过如下描述性定义：深入理解教学内容，在教师的理解和学生的学习之间建立桥梁，认真计划并检查教学程序，刺激主动学习，超越知识传播，实现知识改造和扩展②。因此，教学学术能力包括学术能力和教学能力，它需要教师拥有独到的学术见识和卓越的教学技艺，它使得教师成为能让学生"心服口服"的知识传播者。

追溯高等教育发展的历史，作为古希腊教师典范的苏格拉底、柏拉图都是学术积淀深厚、教学水平高超的学者。苏格拉底十分反感那些没有"真知"而只懂"雄辩术"的教师，认为他们只能说服学生而不能使学生信服，他们只是虚假的权威。如其所言，享有真正权威的人有最好的见识，并能以自由、相互反思的方式使人信服。相反，只通过修辞术或其他外在手段说服他人的人，是虚假权威者③。苏格拉底作为教师，他思考和探究教学的技艺，提出"产婆术"教学法，"使自以为知者知其不知，再以自以为不知者知其所知"④。即在对话中，苏格拉底不断地质疑问难，最终使"学生"难以自圆其说，终于"知其不知"；或者通过教师的问难设疑，使"学生"感受到"山重水复疑无路，柳暗花明又一村"的峰回路转，引导"自以为不知者"收获"知其所知"，其精髓就是"通过对话引发不断深入的思考与探索"。在对话过程中，教师充当了"精神产婆"，学生是真正的"精神产妇"，足见，在古希腊时期，教师早已践行了教学学术的思想。然而，时至今日，"世界各国大学教师资格的认证标准依然还是教师的学术能力"⑤。在中国即使是以培养人才为己任的教学型大学，学术能力也俨然成为衡量大学教师专业发展水平的唯一指标，教师的教学能力貌似完全可以"无师自通"，并且与学术能力的水平呈正相

---

① 德雷克·博克. 回归大学之道：对美国大学本科教育的反思与展望［M］. 侯定凯，梁爽，郑琼琼，译. 上海：华东师范大学出版社，2012：59.

② MICHAEL THEALL, JOHN A CENTRA. Assessing the scholarship of Teaching：Valid Decisions from Valid Evidence［J］. New Directions for Teaching and Learning，2001，（Summer）.

③ 罗素. 西方哲学史：上卷［M］. 北京：商务印书馆，2011：117-131.

④ 陈桂生. 孔子"启发"艺术与苏格拉底"产婆术"比较［J］. 华东师范大学学报（教育科学版），2001（3）.

⑤ 周光礼，马海泉. 教学学术能力：大学教师发展与评价的新框架［J］. 教育研究，2013（8）.

关。哈佛大学前校长德雷克·博克在《回归大学之道——对美国大学本科教育的反思与展望》一书中，提到当前大学课程评估中存在的第五大问题就是：大家几乎把所有时间用于讨论学生应该上哪些课程，却很少谈及应该使用怎样的教学方法。所有课程报告几乎都在回避这样的问题：当前使用的教学方法是否适合大学所追求的教育目标？如果不适合，应当如何改进？大学对教学方法的忽视让人难以理解①。当前基础教育改革中如火如荼推进的"探究学习、自主学习、合作学习"三大学习方式，几乎完全被大学教师关在课堂门外。20 世纪 90 年代以来，信息技术成为工业文明向信息时代转变的重要技术杠杆，以惊人的速度改变着人们的工作方式、学习方式、思维方式、交往方式乃至生活方式②。进入信息化时代的学习方式最大的改变是将学习者从课堂灌输知识的"流水线"上解放出来，在学习充满活力的新文化中彻底摆脱"标准件"的命运。"数字化时代最突出的特点就是交互性，交互性学习对以课堂为主的教学模式提出了挑战，直接推动了'传授范式'向'学习范式'的转变。在'传授范式'下，大学要求'教师将知识传授给学生'；在'学习范式下'，大学通过'让学生自己去发现和创造知识'来促进学生学习。这里的'学习范式'实质上是一种研究性教学，其关键是构建一种以学生为中心、把课程和科研联系起来的教学模式。这种教学模式强调大学教学和科研是融合的，科研本身就是一种效率很高和非常有力的教学形式。"③ 因此，教学型大学教师理应提升自身的教学学术能力，用以适应当前学习方式的变革。

然而，作为教学型大学教师来说，如果仅仅重视教学而忽略学科专业发展，那么大学课堂就是"死水一摊"，因为未将学科领域研究的最新成果源源不断地带入课堂；当然，如果单纯强调学科专业发展，而无视教学专业发展则会加大教学与科研的对立，最终使得大学背离培养人才的初衷；现代大学的核心职能无外乎培养人才与科学研究，两者是交融共存的，并非完全独立的体系，顾此失彼的二元思维模式不可取。

二、学科专业发展：教学型大学教师专业发展的创新与延伸

在现代社会，人才培养、科学研究和社会服务依然是当前公认的大学主要职能。各种职能具体的承担者就是大学中的学科专业。为了更好地履行大

---

① 德雷克·博克. 回归大学之道：对美国大学本科教育的反思与展望 [M]. 侯定凯，梁爽，郑琼琼，译. 上海：华东师范大学出版社，2012：49-50.
② 桑新民. 在学习方式的变革中提高大学办学质量和办学水平 [J]. 高等教育研究，2012（5）.
③ 周光礼，马海泉. 教学学术能力：大学教师发展与评价的新框架 [J]. 教育研究，2013（8）.

学应尽的职责，必须不断地提升大学学科专业水平，提升大学教师的学科专业发展水平。

众所周知，大学教师学科专业发展立足于其专门化职业活动或称为"学科职业"。"学科职业"是指大学教师所从事的，仅仅与学科知识紧密相连的活动，知识的传承和创新、已有学科的发展和新学科的建立是学科职业永恒的追求。学科职业是大学教师最核心和最基础的职业，它直接决定着校外职业的服务范围和学校职业发展的状态[①]。

（一）学科专业——源头与载体

大学教师的学科职业活动，均是以高深学问为载体和研究内容，从而实现学术的创新。因此，大学教师学科专业的发展是其专业发展的创新源泉，其核心是学科知识的发现和创新。它是大学教师专业发展的源头与依托。然而，大学因其类型和层次水平的差异，在学科专业发展上的贡献大小也是有差异和层次之别的，真正能在学科专业发展前沿拓展延伸的学校只能是研究型大学。如果说研究型大学学科专业发展主要体现在学科专业发展的前沿性突破，那么教学型大学则更多地体现在如何巧妙快速地将学科专业发展的成果应用在培养人才以及服务社会中。大学教师的学科专业发展，既然是指其在所属的专业学科领域内的发展，那么它应该涉猎和主要包括学科专业理念、学科专业知识、学科专业能力、学科专业态度与情感、学科专业服务精神等内容。杨启亮教授提出，教师学科专业发展包括三个层次：①掌握学科知识的层次；②探究学科智慧的层次；③体悟学科创新的层次。这三个层次是逐级递进的关系[②]。我们在此基础上，结合教学型大学教师职业角色以及其学科专业发展的特点，提出教学型大学教师学科专业发展包括以下几个层次：①掌握并深刻理解学科知识的层次；②掌握探究学科智慧方法的层次；③实践发展学科创新的层次；④凝练学科精神情感的层次。这四个层次中，第一层次掌握并深刻理解学科知识层次是基础。学科专业知识包括理论性知识和实践性知识两方面。两者科学有效的结合，能够帮助大学教师深入浅出地讲解学科专业知识。第二层次掌握探究学科智慧方法主要是从学科方法论的角度分析，大学教师应该帮助学生掌握学科专业的技能、方法。第三层次实践发展学科创新主要是指大学教师应该通过学科专业领域中不同层次和类型的

---

① 赵映川. 美国大学教师学科职业发展的历程与启示 [J]. 内蒙古师范大学学报（教育科学版），2013（7）.

② 杨启亮. 教师学科专业发展的几个层次 [J]. 教育发展研究，2009，（Z2）：15-16.

科学研究，保持对学科专业前沿领域的敏锐度。第四层次凝练学科精神情感主要是从情感态度价值观层面分析，大学教师应该充分借助学科专业知识或学科专业领域内的人物事迹，主动地对学生进行学科情感精神层面的影响，或者在学科教学和科研中，潜移默化地影响和塑造学生的世界观、价值观。

综上所述，大学教师的专业发展一定是首先立足于某一学科的高深学问，深刻理解高深学问，才会完成探究和发展高深学问，以及借助高深学问服务和反哺社会。因此，学科专业发展是教学型大学教师专业发展的源头与载体。

（二）科学研究——创新之本

"从教师专业成长的角度来说，科学研究求知、求真、求善的特质是大学教师专业发展的重要途径。因为大学教师只有投身于科学研究，通过领悟、发现、探索、求证，掌握学科发展的趋势，才能不断深化和更新自身的专业知识和专业技能，实现专业自主。"[①] 如果将大学教师专业发展比喻成一棵参天大树，那么在学科专业领域的深度，决定了这棵大树所能够汲取养分的多寡。同时，伴随着学科发展高度分化与交叉渗透的趋势愈演愈烈，迫切需要大学教师加入多学科背景的教学团队，实现自身相近学科专业的横向联合和发展，改变以往自我封闭的状态，开阔自己的专业视野，开发培育自身的学习能力、沟通能力、创新能力。亦需要教学型大学改变相对传统的基于"学校—院系—教研室"的学科专业发展机制，构建"知识分享型"的开放式"教学—科研"团队。

三、社会服务专业发展：教学型大学教师专业发展的拓展与增值

在知识经济的时代，现代大学已经日益走出"学术的象牙塔"，走到社会的中心。费希特曾说："学者的使命主要是为社会服务，因为他是学者，所以他比任何阶层都更能真正通过社会而存在，为社会而存在。因此，学者担负着这样一个职责：优先地、充分地发展他本身的社会才能、敏感性和传授技能。"[②] 如果说，培养人才和发展科学是大学教师专业发展的两翼，那么服务社会则决定了大学教师专业发展的拓展空间和增值高度。英国著名比较教育学者萨德勒（Michael Sadler）说过："我们不应当忘记，学校之外的事情甚至

① 何华宇，赵敏. 现代大学职能视域下大学教师专业发展的路径选择 [J]. 大学教育科学. 2009 (5)：66.

② 费希特. 论学者的使命，人的使命 [M]. 梁学志，沈真，译. 北京：商务印书馆，2003：42.

比学校内部事情更重要，它制约并说明学校内部的事情。"① 总之，融入社会、服务社会、推动和引领社会发展，已成为现代大学不可推卸的责任和使命。现代大学从社会边缘走向社会中心有赖于大学教师社会服务专业发展这一重要途径。大学教师的社会服务专业发展主要是指大学教师依托自身的专业知识和能力，主动积极参与社会活动，服务社会，为社会进步与发展提供智力支持的活动。社会服务专业发展主要包括两大方面：①精神意识层面：社会服务意识、社会批判精神、社会进步理想、社会发展责任等；②知识与能力层面：引领与服务社会所需要具备的高深学问与学术责任等，其目标在于提供更加专业的社会服务。

（一）社会服务的"深度"——针对性与适应性

"大学教师，作为掌握高深知识的特殊群体，必然对社会，特别是对当地的工农业生产和文化科学、卫生保健各方面工作起指导或咨询作用，因此应采取各种方式与社会进行广泛联系，经常深入社会生产和生活中做调研，了解情况和问题，改变大学教师专业知识发展与社会要求互相脱离的'象牙塔'现状，尽可能帮助解决社会发展中遇到的各种理论和实际问题……"② 不同层次、不同类型的大学所能满足的社会需求及服务社会的形式是不同的。相比于研究型大学教师"仰望星空"的社会服务，教学型大学教师应该更加"关注脚下"，依托所在区域的自然地理环境、历史文化积淀、政治经济发展特点，定位自己社会服务专业发展的方向；深入社会进行调查研究，提供有针对性、实用具体的服务。如：可以为政府、企业、学校等社会组织提供培训和继续教育服务；为区域经济发展提供人力和智力支持；为地方社会人民群众生活和工作提供必要的专业指导；等等。

（二）社会服务的"高度"——前瞻性与批判性

教学型大学为本地区提供适应性服务的同时，更应站在地区社会发展的前列，着眼于全局和长期发展的需要，提供前瞻性、先导性，乃至批评性的"服务"。罗伯特·M.赫钦斯曾经提出大学不应是"一面镜子"，而应当是"一座灯塔"③。美国的亚伯拉罕·弗莱克斯纳提出："大学为经济社会服务的

①　卢晓中. 当代世界高等教育理念及对中国的影响［M］. 上海：上海教育出版社，2001：4.

②　伯顿·克拉克. 高等教育新论：多学科的研究［M］. 王承绪，徐辉，译. 杭州：浙江教育出版社，2001：46-47.

③　赵祥麟. 外国教育家评传：第3卷［M］. 上海：上海教育出版社，1992：94-95.

重要特色在于，它不应仅仅满足于关注社会的当前需要，而应具有前瞻性，走在社会发展的前面，为社会持续发展创造新的思路和机会。"① 关于大学如何为社会提供更为有效的、更加重要的"社会服务"，弗莱克斯纳强调了三点：其一，独立、深入地思考社会发展中令人困惑、费解的重大问题；其二，揭示社会客观存在的矛盾、弊端或行将到来的危险；其三，对政府和社会提供咨询、建议，甚至批评。这就是真正意义上的大学"回应现代社会的理智需求"，或者说理智地、有原则、有选择地回应现代社会需求的结论②。因此，教学型大学教师在社会服务专业发展问题上，不应仅仅去适应社会，为社会的发展提供各式各样的服务，还应与其保持一定的距离，充当社会良知的发动机，以及历史、文化精神的守护人，为社会发展、人类进步谋求学术精神的依据，引导大众在文明与野蛮、高尚与媚俗、进步与倒退之间做出正确的选择③。

（三）社会服务的"宽度"——边界性与有限性

大学的社会服务必须界定在一定范围，即"真正学术性的、科学的、适度的服务"，并以大学所特有的方式与途径来实现④。从严格意义上讲，大学教师社会服务专业发展应该是教学专业发展以及学科专业发展的合理延伸。大学教师社会服务专业发展突出的特点就是专业性，专业性不仅仅体现在能够有针对性地解决社会问题，更体现在大学教师非常清楚其所能够提供的社会服务的边界性与有限性，深刻理解并践行"适可而止""有所为，有所不为"。总之，大学教师社会服务专业发展，不仅应有针对性和适应性，更应保持"独立的、理智的、适度的距离"，才能看得更真切，更清楚。正如苏东坡的诗句"不识庐山真面目，只缘身在此山中"所蕴含的哲理一样。

第二节　教学型大学教师专业发展结构的关系

教师专业发展内容体系结构主要包括教学专业发展、学科专业发展、社会服务专业发展三大领域。三大领域之间是"平行独立、复合叠加、互为支

---

① 亚伯拉罕·弗莱克斯纳. 现代大学论：美英德大学研究［M］. 徐辉，陈晓菲，译. 杭州：浙江教育出版社. 2001：6.
② 龚放. 试论现代大学的社会责任［J］. 北京大学教育评论，2008（4）.
③ 薛彦华，史芸. 试析现代大学理念［J］. 河北师范大学学报（教育科学版），2004（5）.
④ 龚放. 试论现代大学的社会责任［J］. 北京大学教育评论［J］. 2008（4）.

持、协调平衡"的三螺旋关系。三螺旋模型理论是 20 世纪 90 年代中后期开始流行的创新结构理论，它来源于大学—产业双螺旋分析，来源于政府在创新中重要作用的研究。"三螺旋"是纽约州立大学社会学系亨利·埃茨科维兹教授从生物学、遗传学中移植和借鉴过来的概念[①]，用以分析知识经济时代大学、产业和政府三者在区域经济发展中复杂的互动关系，并在此基础上建立了"大学—产业—政府"的分析范式。其后，阿姆斯特丹科技发展学院的罗伊特·雷德斯道夫教授发展了这一概念[②]，并为该模型建构了系统的理论支撑。"三螺旋关系学说认为'大学—社会—政府'三者之间是一种平行关系，而不是一种等级关系。三个螺旋意味着三者相互具有独立性，都是一种主动的地位，具有相互影响的作用，而不是一种单边的关系或处于被动的地位。"[③]

　　教师专业发展本身是一个不断成熟、不断创新并螺旋式上升的过程，它具有过程性、持续性、发展性等特点。因此，大学教师专业发展内容体系也是以教师专业发展中轴线"教学专业发展—学科专业发展—社会服务专业发展"环绕形成的平行独立、复合叠加，互为支持、协调平衡的三螺旋关系。（见图 3 - 1）

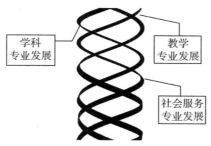

图 3 - 1　"三螺旋"关系示意图

　　"平行独立"是指三大专业发展内容在各自领域中均有需要遵循的独特规律和原则，平行独立发展并非意味着完全割裂，彼此具有相互影响，相互促进的作用，不仅仅是单边的一对一的关系。"复合叠加"是指三大专业发展内容统一于每位大学教师专业发展的生涯之中，在不同的发展阶段会有叠加，相互促进。不同层次、不同类型的大学，其教师职能发挥的侧重点各不相同。研究型大学教师更加侧重作为"学科专家"应具备的学科专业知识以及科学

①　金玉玲. 基于三螺旋模型理论的区域创新能力研究 [D]. 扬州：扬州大学，2007：5.
②　王洪才. 大学"新三大职能"说的缘起与意蕴 [J]. 厦门大学学报（哲学社会科学版），2010 (4).
③　王洪才. 大学"新三大职能"说的缘起与意蕴 [J]. 厦门大学学报（哲学社会科学版），2010 (4).

研究能力的培养与训练；教学型大学教师更加侧重作为"教育专家"应具备的教学学术能力的发展与训练。两种类型的大学教师在学科专业发展以及教学专业发展基础之上，都应该注重从事力所能及的社会服务，从而提升和拓展自身社会服务专业发展水平。三大专业发展领域是平行独立、复合叠加、互为支持、协调平衡的三螺旋关系。

　　教学型大学承担着我国高等教育大众化的重任，也是培养区域性应用型专业人员的重要基地。教师的专业发展是"学校与教学革新的心脏，它能最大限度重建和振兴一个国家的教育希望"[①]。教师的专业发展是终身学习的过程，是一个动态的、复杂的、长期的发展过程。从入职初期一直到退职前期的不同阶段，专业发展侧重点也会有不同，明确教学型大学教师专业发展的内涵有助于我们更好地帮助大学教师履行和完成自己的职业角色，进而促进高等教育事业多元化、科学、健康地发展。

---

① 姜勇. 论教师专业发展的后现代转向 ［J］. 比较教育研究，2005（5）.

第四章 教学型大学教师教学学术的理论结构模型及影响因素

通过文献整理、理论分析和行为事件访谈,我们初步提出教学型大学教师教学学术结构模型,并对 12 所教学型大学进行抽样调查,采用项目分析、探索性和验证性因素分析的方法得出教学型大学教师教学学术五因子结构为教学交流、教学研究、教学自主、知识和学术观念。我们编制的教学型大学教师教学学术问卷,其信度和效度良好,适合用来分析我国教学型大学教师教学学术的特征状况。用该问卷进行抽样调查发现:教学型大学教师教学学术五因素水平都不高;男教师教学交流水平显著高于女教师;35 岁及以下教师在教学研究水平上显著高于 46 岁及以上教师的水平;博士研究生在学术观念上的水平显著高于硕士研究生的水平。

第一节 教学型大学教师教学学术理论模型建构

博耶的教学学术观把教学纳入了学术的范畴,使教学与科研享有同等的地位,超越了教学与科研孰重孰轻的争论。自博耶提出教学学术以来,引起了各国学者的关注和积极回应。目前,教学学术运动在全球范围内推广,西方对教学学术的研究已初步形成体系,内容涉及教学学术的内涵、教学学术的评价标准、教学学术的实现和发展路径等。但已有研究仍然存在不被广泛接受,实施乏力等现象,这为后续的研究提供了空间。

教学型大学是我国发展大众化高等教育的重要力量,以培养本科生为主,以教学为主要任务,以服务地方经济建设为主要发展方向,主要履行人才培养和教育教学研究的职能。作为高等教育不可或缺的一部分,其生存与发展直接关系到高等教育的发展。基于中国现时的高等教育与美国当时的教育具有一定的相似性，我国学者引进了国外教学学术的思想，并进行了相关探讨。作为高等教育的主力军，教学型大学亟待解决教师的教学学术问题。

当前，国内外关于教学学术的衡量还没有一个公认的测量工具，而专门针对教学型大学教师的测量工具更是少见。一个理念要从根本上改变现状，实现其应有的价值和意义，首先要构建其理论，明确其现状特征，这样才能有针对性地解决实际问题。本节内容以教学型大学教师为研究对象，采用质性研究与定量研究相结合的方法来探讨教学型大学教师教学学术的理论结构，并分析教学型大学教师教学学术的现状特征，以期推动教学学术理论进一步发展，促进教学学术思想得到有效落实。

一、教学型大学教师教学学术理论模型构建方法

（一）研究对象

采用分层随机取样，先后分别在东北、西南、华南、华中及华东等地区选取了教学型大学 12 所。第一次共发放问卷 450 份，回收有效问卷 389 份，回收有效率为 86.66%，其中男教师 186 人，女教师 203 人；助教 52 人，讲师 192 人，副教授 108 人，教授 37 人，用于探索性因素分析。第二次共发放 400 份问卷，回收有效问卷 355 份，回收有效率为 88.75%，男教师 159 人，女教师 196 人；助教 42 人，讲师 157 人，副教授 122 人，教授 34 人；35 岁及以下教师 155 人，36—45 岁教师 114 人，46 岁及以上教师 86 人，主要用于验证性因素分析和现状特征分析。

（二）研究工具

采用自编的《教学型大学教师教学学术问卷》（见附录）。

（1）问卷的来源

舒尔曼虽然没有提出具体的可操作性的评价标准，但其思想表明：应将教学视为学术的一种，不仅将教学作为一种活动，而且要作为一个探索的过程，要将教学经验和理论知识进行交流，并公开化供同行讨论和评价。哈钦斯和舒尔曼曾认为，教学内容知识构成了有效教与学的知识基础，并且教学

内容知识不是内容知识与教学法知识的简单相加，而是两者之间的综合①。也有学者提出，大学教学学术活动具有明显的研究性，教师在设计中研究，在研究中设计，不断生成更加完善的教学知识②。虽然目前对教学学术的内涵界定尚未完全一致，但是对于教学学术的成分有了基本的共识：知识、交流、研究探索。鉴于教学型大学以教学为主要任务，更需要教师在观念深处建立对教学学术的深度认同，同时有学者提出教学过程中教师的自主是教学学术的保障。因此，在教学型大学教师教学学术结构中增加了观念和自主两个因素。

（2）问卷的编制过程

在文献分析和以行为事件访谈的质性研究基础上，我们共整理出开放性教学型大学教师教学学术问卷初始问卷 50 个项目，并对 30 位教师进行了预施测，对语义重复、语句不通、语意含糊等条目进行了修改和删除，再根据开放问题整理新项目，最后得出 44 个项目的教学型大学教师教学学术原始问卷。通过对原始问卷在教学型大学进行第一轮施测，通过探索性因素分析、项目分析，删除了因素负荷值小于 0.40 和共同度小于 0.20 的项目，删除了在两个因素上的负荷均过高且负荷值近似的项目，保证抽取的因素符合陡阶检验，在旋转前至少能解释 2% 的总变异，每一个因素至少包含三个项目，经过反复筛选，确定了包含 23 个项目的问卷。然后在教学型大学中进行了第二轮施测，对数据进行了验证性因素分析、信度与效度分析，再通过教师访谈和专家反馈进行了修正，最后确定了包含 23 个项目的《教学型大学教师教学学术问卷》。

（三）统计分析

采用五点计分法进行计分，根据符合程度以 1 到 5 计分，然后建立原始数据库，收集到的数据采用 SPSS 16.0 软件和 LISREL 8.7 两款软件进行统计分析。主要方法是对第一次施测的 389 份有效问卷进行探索性因素分析，采用 LISREL 8.7 统计软件对另一组 355 份有效问卷进行验证性因素分析，再采用 SPSS 16.0 软件对数据进行 t 检验和方差分析。

---

① HUTCHINGS P，SHULMAN L. The scholarship of teaching：new elaborations，new development [J]. Change，1999（5）.

② 吕林海. 关大学教学学术的机制及其教师发展意蕴 [J]. 高等教育研究，2009（8）.

二、教学型大学教师教学学术理论模型建构

（一）教学型大学教师教学学术问卷的结构分析

1. 样本适合性分析

采用 Bartlett 球型检验，得到 $X^2 = 2812.12$，$p = 0.000$，说明各变量间不是独立的，变量内部存在共享因素。Kaiser-Meyer-Olkin 检验值为 0.864，说明样本的充足度好，适合因素分析。

2. 探索性因素分析

表 1   未旋转和旋转后各因素的特征根及方差贡献率

主成分	未旋转的因子载荷的平方和			旋转后的因子载荷的平方和		
	特征根	方差贡献率（%）	累积方差贡献率（%）	特征根	方差贡献率（%）	累积方差贡献率（%）
1	6.468	28.123	28.123	4.350	18.912	18.912
2	2.514	10.930	39.053	2.893	12.579	31.491
3	1.863	8.099	47.152	2.807	12.203	43.694
4	1.710	7.435	54.587	2.386	10.374	54.068
5	1.578	6.863	61.450	1.698	7.382	61.450

运用主成分分析法对 389 份有效问卷进行因素分析，为了使得到的主因子更易于解释，对因子荷载矩阵进行了最大化正交旋转，旋转后保留了方差贡献率都大于 2% 的因子，且保证每一个因子至少包含三个以上项目。这样，经过探索性因素分析，共得出 5 个因素，且特征值大于 1，解释总变异的 61.450%，其中教学交流最重要，能解释整个方差变异量的 18.912%。但此结构是否合理，后面会通过验证性因素分析进一步验证。表 2 显示公因子值大部分都在 0.5 以上，说明这些项目能解释观测变量的大部分变异；因素的负荷值都在 0.4 以上，说明测验的各项目能较好地反映所属因子。

表 2　各项目的因素负荷值及共同度

	因素 1			因素 2			因素 3			因素 4			因素 5	
序号	负荷值	共同度	序号	负荷值	共同度	序号	负荷值	共同度	序号	负荷值	共同度	序号	负荷值	共同度
V14	0.775	0.646	V2	0.911	0.854	V11	0.752	0.637	V4	0.746	0.607	V23	0.770	0.605
V16	0.727	0.591	V9	0.867	0.845	V10	0.744	0.724	V12	0.716	0.597	V22	0.694	0.504
V20	0.721	0.594	V3	0.880	0.800	V5	0.724	0.609	V7	0.712	0.619	V21	0.628	0.506
V13	0.693	0.580	V17	0.448	0.552	V6	0.686	0.567	V1	0.704	0.518			
V18	0.673	0.510				V19	0.615	0.565						
V8	0.666	0.589												
V15	0.635	0.513												

3. 验证性因子分析结果与因素命名

采用 LISREL 8.5 软件对第二轮 355 份样本数据进行验证性因素分析，表3 结果表明，本问卷的数据拟合比较理想，近似误差均方根 RMSEA＜0.08，似合优度指数 GFI＞0.85，调整的拟合优度 AGFI＞0.80，符合模型的要求[1]。验证模型结构如图 1 所示，各项目在相应因子上的因素负荷介于 0.45～0.82 之间，说明测验的各项目能较好地反映所属因子。

表 3　教学型大学教师教学学术结构模型的拟合度指数

拟合指数	X^2	df	X^2/df	RMSEA	GFI	AGFI	NNFI	IFI
数值	542.68	220	2.42	0.064	0.88	0.85	0.95	0.96

---

[1] 侯杰泰，温忠麟，成子娟. 结构方程模型及其应用［M］. 北京：教育科学出版社，2004：166-173.

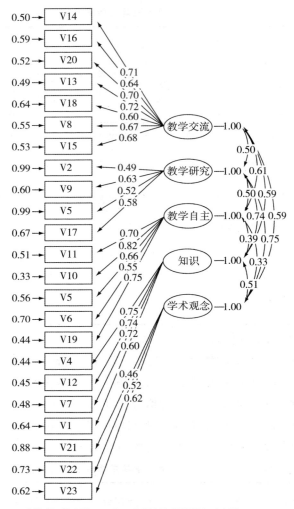

Chi-Squarc=542.68, df=220, p–value=0.00000, RMSEA=0.064

图 4 - 1　教学型大学教师教学学术验证性因素分析模型图

《教学型大学教师教学学术问卷》由 23 个项目、5 个因素构成，根据各因素所包含项目的内容，将因素命名如下：因素 1 （E1），包括 7 个项目，内容主要包括与同事在教学上相互切磋和提教学改进建议、互相听课与评课、在网络上与同行进行教学交流等，命名为"教学交流"；因素 2 （E2），包括 4 个项目，内容主要包括提升教学能力依靠自己的摸索、个人的教学反思、主动探索教学中的问题和参与教学活动等，命名为"教学研究"；因素 3 （E3），包括 5 个项目，主要包括教师自主调整教学目标、调整教材、调整教学计划、按照自己的模式设计教学活动、学校政策支持教学等，命名为"教学自主"；因素 4（E4），包括 4 个项目，内容主要包括教育理论、学科专业知识、教育科研能力和教育教学技能等，命名为"知识"；因素 5（E5），包括 3 个项目，主要包括教师对教学中心、评价老师和教学投放的影响等方面的看法，命名为"学术观念"。

（二）教学型大学教师教学学术结构分析

根据文献、调研与数据分析，得出教学型大学教师教学学术的结构为：教学交流、教学研究、教学自主、知识和学术观念。其中，教学交流是最主要的一个维度。这与舒尔曼、博耶和众多学者们的教学学术思想是一致的。通过对问卷调查的实证数据进行分析，发现支持预先提出的假设。在问卷的编制和项目筛选过程中，请相关专家和大学教师严格把关，对项目进行评估，再通过因素分析进行相应的筛选，最后才确定问卷的项目和维度。可以说整个问卷的编制过程符合测量学的编制要求。本结构问卷的信度和效度检验结果达到了心理测量学的标准，具有良好的信度和效度，可以推广用来测量教学型大学教师教学学术的现状特点。这五个因子存在一定的关系；知识是教学交流、教学研究、教学自主存在的前提，决定了这几个维度的具体内涵和表现形式；知识又是教学研究、交流和自主等学术形式的结果；教学自主是知识、研究、交流等学术元素得以进行的重要保障；教师教学学术的观念又影响着其他几个因素。

第二节 教学型大学教师教学学术的特征

一、教学型大学教师教学学术的特征

（一）教学型大学教师教学学术的现状水平特征

采用单样本 t 检验得出所有的因子分都显著低于理论中值 3 分（参见表4）。说明教学型大学教师教学学术五因素水平都不高。

表 4 教学型大学教师教学学术与理论中值的比较

	教学交流	教学研究	教学自主	知识	学术观念
M±SD	2.148±0.684	1.849±0.472	2.171±0.718	1.482±0.521	1.973±0.613
t	−23.461＊＊	−45.952＊＊	−21.758＊＊	−54.815＊＊	−31.523＊＊

注：＊＊表示在 0.01 水平上显著，＊表示在 0.05 水平上显著。

（二）教学型大学教师教学学术性别差异特征

采用独立样本 t 检验，结果如表 5 所示，男女教师在教学交流上达到了显著性水平，男教师教学交流水平高于女教师的得分。其他维度的差异不显著，没有统计学意义。

表 5　教学型大学教师教学学术的性别差异比较

	男 M±SD	女 M±SD	t	p
教学交流	2.246±0.7123	2.0748±0.6360	2.355 *	0.019
教学研究	1.872±0.476	1.825±0.460	0.924	0.356
教学自主	2.250±0.749	2.119±0.692	1.678	0.094
知识	1.511±0.547	1.444±0.486	1.208	0.228
学术观念	1.937±0.636	2.004±0.601	−0.993	0.321

注：＊＊表示在 0.01 水平上显著，＊表示在 0.05 水平上显著。

（三）教学型大学教师教学学术的年龄差异特征

采用单因素方差分析，结果如表 6 所示，教学交流、教学自主、知识和学术观念四因素不存在显著差异，只有教学研究存在显著差异，进一步通过均数间多重比较发现，35 岁及以下教师在教学研究水平上显著高于 46 岁及以上教师的水平（p＝0.008＜0.01）。

表 6　教学型大学教师教学学术的年龄差异比较

	35 岁及以下 M±SD	36 岁—45 岁 M±SD	46 岁及以上 M±SD	F	P
教学交流	2.103±0.629	2.224±0.703	2.136±0.752	1.054	0.350
教学研究	1.919±0.453	1.820±0.512	1.752±0.429	3.799 * *	0.023
教学自主	2.177±0.650	2.196±0.799	2.132±0.729	0.190	0.827
知识	1.468±0.536	1.458±0.461	1.547±0.569	0.829	0.438
学术观念	2.024±0.642	1.929±0.613	1.933±0.561	1.008	0.366

注：＊＊表明在 0.01 水平上显著。

（四）教学型大学教师教学学术的学历差异特征

单因素方差分析结果如表 7 所示，教学交流、教学研究、教学自主和知识四因素不存在显著差异，只有学术观念存在显著差异，进一步通过均数间多重比较发现，博士研究生在学术观念上的水平显著高于硕士研究生的水平（p＝0.006＜0.01）。

表 7　教学型大学教师教学学术的学历差异比较

	本科 M±SD	硕士研究生 M±SD	博士研究生 M±SD	F	P
教学交流	2.169±0.680	2.108±0.683	2.303±0.702	1.689	0.186
教学研究	1.875±0.492	1.839±0.467	1.852±0.467	0.193	0.825
教学自主	2.230±.698	2.181±0.747	2.081±.673	0.697	0.499
知识	1.561±0.603	1.426±0.464	1.558±0.569	2.800	0.062
学术观念	1.985±0.605	1.907±0.614	2.169±.594	3.850＊＊	0.022

注：＊＊表明在 0.01 水平上显著。

二、教学型大学教师教学学术特征分析

在现状调查研究中，本研究发现教学型大学教师教学学术整体水平不高，男教师的教学交流水平高于女教师，35 岁及以下教师的教学研究水平显著高于 46 岁及以上教师，博士研究生教师的教学学术观念水平高于硕士研究生教师。学术意识淡薄、教学科研失衡，传统的教学观一直影响着教学型大学教师的教学，多数教师对教学的认识还处在比较肤浅的层次，他们还没有认识到教学的学术性，也否认教学是一种学术活动，认为科学研究才是学术活动。这种对教学的错误认识直接影响着高等教育的学术发展和未来走向，也导致多数教师在教学过程中不注重学科知识的更新，不关注教育学科知识和教育理论，不能把教育教学技能与教学实践联系在一起，他们也很少与同事、同行进行教学交流和探索。于是多数教师在教学中没有自己的独特见解，也很少去反思，不在乎教学中是否具有自主性，他们无法总结出可以推广的教学经验，无法生产出有实用价值的教学研究论文。教学学术观虽然已逐渐引起我国学界的关注，但是在高校中普遍实践不可能在短时间内完成。改善我国教学型大学教师教学学术水平不高的现状可以根据它的特征，从它的结构，即教学交流、教学研究、教学自主、知识和学术观念五个方面着手。第一，

改变教师传统的教学观念，特别是提高硕士研究生教师的教学学术意识。高校领导应该充分认识到教学的学术性以及教学在大学学术活动中的重要性，将提升大学教师的教学学术摆在重要的位置，用学术的标准来衡量教学，积极主动地引导教师转变观念，鼓励教师研究教学，甚至开展教学学术的培训，帮助教师提升教学学术水平。第二，加强教学交流，特别是提高女教师教学交流的积极性。教学型大学的主要任务是教学，而教师的教学工作是在与其他教师的分工协作和共同努力下完成的，因此，教师之间要加强教学交流，分享教学心得和经验，还可以经常进行学术探讨，开展学术交流活动。一般来说，女教师投入在家庭和孩子上的精力相对会多些，因此在教学交流活动安排中给女教师适当地提供方便，尽可能让她们参与到学术交流中。第三，知识掌握。教学型大学教师应该掌握扎实的学科专业知识、丰富的教育教学理论和广泛的相关学科知识，并需要在教学实践中不断扩充和丰富自己各方面的知识。第四，提高教师教学的自主性，动员教师进行教学探索和研究，特别是要重视 46 岁及以上教师的教学研究。教学型大学教师不仅要传道、授业和解惑，而且要不断进行教学反思、探索和研究。教师在教学中有一定的自主性，才会探索新的教学，形成自己的风格和见解。只有进行教学实践的探索和研究，才会有教学改革的最新经验和学术研究的最新成果，才会不断地更新教学理念、探求教学策略、完成教学创新，从而真正地提升教学型大学教师的教学学术水平。46 岁及以上的教师在教学中和职称评定中所感受到的压力相对较小，所以他们教学探索的动力不足，但是他们的教学经验丰富，如果能动员他们在教学中及时地总结和反思，那将会推动教学学术的发展。

第三节 教学型大学教师教学学术的影响因素

一、人口学因素

本研究采用自编的《教学型大学教师教学学术问卷》在教学型大学进行实测，问卷补充了性别、年龄、教龄、职称、学历和任教学科性质等反映人口学特征的基本信息。对收集的数据运用软件 SPSS19.0 进行多元回归分析，主要采用强迫进入法（enter）将人口学特征的变量，如性别、年龄、教龄、职称、学历和任教学科性质等纳入回归方程中，从表 8 的结果可以看出整个回归方程有着显著的预测作用。

根据表 8 的结果，进一步分析结果如下，教龄和职称变量对教学型大学教师的教学学术没有显著影响，在五个因素中都没有达到显著作用。在性别方面，教学型大学教师在教学研究、知识和学术观念三个因素上不受性别的影响；而在教学交流和教学自主上受性别的影响非常显著，男教师的教学交流水平（$\overline{X}=2.265$）高于女教师（$\overline{X}=2.149$），男教师的教学自主水平（$\overline{X}=2.272$）高于女教师的教学自主水平（$\overline{X}=2.170$）。在年龄方面，教学交流、教学自主、知识和学术观念都不受年龄的影响；只有教学研究受年龄的影响非常显著，随着年龄的增长，教师的教学研究水平逐步增强（$\overline{X}_{35岁以下}=1.782$，$\overline{X}_{36-45岁}=1.823$，$\overline{X}_{46岁以上}=2.001$）。在学历方面，教学交流和教学自主两个因素不受学历高低的影响；而教学研究受学历的影响非常显著，随着学历的提升，教师的教学研究水平逐渐提高（$\overline{X}_{本科教学研究}=1.851$，$\overline{X}_{硕士教学研究}=1.873$，$\overline{X}_{博士教学研究}=1.954$）；知识和学术观念两个因素受学历的影响比较显著，硕士研究生学历教师的知识水平和学术观念水平最高，而本科学历教师的知识水平和学术观念水平最低（$\overline{X}_{硕士知识}=1.616>\overline{X}_{博士知识}=1.554>\overline{X}_{本科知识}=1.479$，$\overline{X}_{硕士学术观念}=2.163>\overline{X}_{博士学术观念}=1.946>\overline{X}_{本科学术观念}=1.916$）。在教学科性质方面，对教学交流和教学研究的影响不显著，而对知识因素的影响非常显著，文科教师的知识水平（$\overline{X}=1.587$）高于理科教师；教学自主和学术观念受学科性质的影响比较显著，理科教师的教学自主水平（$\overline{X}_{理科}=2.252$）高于文科教师（$\overline{X}_{文科}=2.147$），文科教师的学术观念水平（$\overline{X}_{文科}=2.024$）高于理科教师（$\overline{X}_{理科}=1.930$）。

表8　人口学变量对教学型大学教师教学学术的回归分析

	标准化系数 β				
	教学交流	教学研究	教学自主	知识	学术观念
性别	−0.118＊＊	−0.053	−0.099＊	−0.067	−0.013
年龄	−0.021	0.167＊＊	−0.074	0.066	0.011
教龄	0.011	−0.047	−0.016	−0.073	−0.055
职称	0.003	−0.011	0.022	0.034	−0.073
学历	0.023	0.116＊	−0.071	0.101＊	0.098＊
任教学科性质	−0.065	−0.041	−0.084＊	0.108＊＊	0.079＊
R2 变化	0.014	0.050	0.022	0.030	0.025

　　从上面的结果可知，在教学型大学教师中教学学术受人口学特征的影响，男教师的教学交流和教学自主水平高于女教师；随着年龄的增长，教师的教

学研究水平逐步增强；随着学历的提升，教师的教学研究水平逐渐提高，在教师的知识水平和学术观念水平方面，硕士研究生学历教师水平最高，博士研究生学历教师次之，本科学历教师最低；文科教师的知识水平和学术观念高于理科教师，而教学自主水平低于理科教师。之所以会出现这样的结果，研究者认为，传统的"男主外、女主内"的角色分工使女教师所承担的家庭角色和责任要多于男教师，她们在家务劳动中占用的时间和精力较多，在教学工作中投入的会相对少些，平常交流中涉及家庭、育儿的话题相对会更多，因此从整体上来说，女教师的教学交流水平和教学自主水平等方面低于男教师。随着年龄的增长，教师的教学经验越来越丰富，再加上评职称的需求和绩效考核对教学文章的硬性要求，使他们在教学中的反思和探索积累不断地丰富，这样他们的教学研究水平也在逐步提高。在学历方面，博士研究生学历教师的科研能力相对更强，他们能够很好地完成职称评定中的教学要求，也能很好地完成绩效考核中教学文章的发表，所以整体来说，博士研究生学历教师的教学研究水平高。但是他们的教学技能并不一定是最好的，因为教学技能的提高本身需要一个持续的训练和积累过程，再说博士研究生学历的教师更重视科研，他们在教学中的外在压力和内在动力均不足，而本科学历的教师大都在行政岗位，只是兼任小部分课程，所以他们在学术观念水平和知识水平方面相对较低，而硕士研究生学历的教师是在教学中是最能体验到成就感的一个群体，因此，他们会更加重视教学，体现在知识水平和学术观念水平上较高。不同学科有不同学科的特点，理科更侧重于实验和学生实操能力的培养，教师在设计实验和实操教学中自主性更强，因此理科教师体现在教学自主性方面水平较高。文科科目的教学大多数以教师讲授为主，这要求教师知识广博，专业知识、教学理论知识都要丰富，并且能够把这些知识生动有趣地讲解出来，同时能够及时地介绍学科前沿信息，吸引学生的注意力，因此文科教师体现在知识水平和学术观念水平方面相对较高。

二、培训、学校、教学单位和个人等因素

对教学型大学教师教学学术的影响因素，主要从培训、学校、教学单位和个人兴趣四个方面设计了四道题，它们分别是：①入职后有没有进一步的教育理论知识的培训；②所在教学单位是否重视各种形式的教研活动；③所在学校的政策倾斜是否侧重于教学；④作为教师，您个人工作的主要兴趣是否为教学。采用影响因素问卷和教学学术问卷在教学型大学进行了实测，共收集了 707 份有效问卷，对收集的数据采用分层回归分析的方法。第一步进

入的是人口学变量，第二步进入的是培训、学校、教学单位和个人兴趣等变量。如表 9 所示，整个回归方程有显著的预测作用。

从表 9 的结果可以进一步看出，教学研究和教学自主两因素不受学校、培训、教学单位和个人等的影响。教学交流与教学单位的重视和学校政策的倾斜有关，教学单位重视的教师的教学交流水平（$\overline{X}=2.606$）高于不重视单位的教师（$\overline{X}=2.2187$）；学校政策倾斜于教学的教师的教学交流水平（$\overline{X}=2.335$）高于非倾斜的教师。知识受入职后的培训和教学单位重视两因素的影响，入职后有培训的教师的知识水平（$\overline{X}=1.607$）高于没有培训的教师（$\overline{X}=1.410$）；教学单位重视的教师的知识水平（$\overline{X}=1.665$）高于不重视的教师（$\overline{X}=1.531$）。学术观念受教学单位的重视和个人工作兴趣的影响，教学单位重视的教师的学术观念水平（$\overline{X}=2.153$）高于不重视的教师（$\overline{X}=1.985$）；个人工作兴趣在教学上的教师的学术观念水平（$\overline{X}=2.193$）高于不在教学上的教师（$\overline{X}=1.911$）。

表 9　培训、学校、教学单位和个人对教学学术的回归分析

	标准化系数 β				
	教学交流	教学研究	教学自主	知识	学术观念
第一步 R2	0.043	0.049	0.033	0.030	0.041
第二步 R2	0.220	0.054	0.045	0.171	0.179
性别	−0.100 *	−0.050	−0.102 *	−0.055	−0.043
年龄	−0.130	−0.227 * *	−0.170 *	−0.056	0.080
教龄	0.092	0.024	0.086	0.030	−0.126
职称	0.052	0.021	0.041	0.088	−0.047
学历	0.078	−0.131 * *	−0.014	−0.103	0.077
任教学科性质	−0.119 *	−0.038	−0.116 *	0.111 *	0.098 *
入职后的培训	0.043	−0.029	0.029	−0.167 * *	0.006
教学单位的重视	0.198 * *	0.017	0.055	0.111 *	0.099 *
学校政策的倾斜	−0.176 * *	−0.067	−0.073	−0.032	0.029
个人工作兴趣	−0.079	−0.007	−0.053	−0.017	−0.170 * *
变化的 R2	0.177	0.005	0.012	0.141	0.138

学校的基本功能是培养人才，不管是教学型大学还是研究型大学都必须以育人为中心。教学和科研是高校育人的两种基本途径，作为教学型大学需

要重视教学，但是也不能放弃科研。有一点必须明确，学校在抓科研的同时不能以牺牲教学为代价。从前面的结果中我们分析出，在教学型大学教师中，学校政策的倾斜和教学单位的重视能提升教师的教学交流水平，入职后的培训和教学单位的重视能提升教师的知识水平，教学单位的重视和个人工作兴趣能够提升教师的学术观念水平。学校如果在政策上能够把教学和教师的教学学术放在重要位置，要求教师加强教学研究，更多地进行教学交流，并体现在教师绩效考评的指标中，这样做不仅可以丰富现有的大学教学理论，还可以引导教师更多地进行教学实践研究，使其研究方向转向大学内部更多的微观具体问题，比如说教学方法、教学模式等方面，这些研究成果又能进一步指导我们的教学，提高教学效果。在学校政策的支持下，教师所在教学单位对教学的重视程度也影响着教师的教学水平，教学单位的重视程度越高，他们就会组织一些关于教学相关的研讨活动，比如说集体备课、互听互评课、教学研讨和听专家说评课等，这些活动给教师提供了交流和学习的机会，促进教师在教学方面的研究创新，也会强化教师的学术观念意识。在学校政策的倾斜和教学单位的重视下，入职后配套的培训也很重要，虽然教师上岗之前都有相应的入职培训，但是入职培训的授课时间一般都比较短，忽视了教师对教育理念和理论的内化吸收需要一个过程，甚至有些入职培训只是一种形式，并没有真正开展教学理论知识的学习，因此，更加需要学校组织职后培训。虽然高校也鼓励教师参加职后培训，但是大部分高校的职后培训集中于青年教师的培养，比如教师进修、教师访学等。教师进修主要以提高学历层次为主要目的，比如鼓励教师攻读硕士、博士等在职研究生。教师访学基本上是以提升理论水平和教师的科研能力水平为主要目的，相对忽视了教学素养和教学实践能力的提高。因此，需要进一步改进职后培训机制，对教师入职后的培训要倾向于教学中应用理论和教师实际能力的提高，并且要有一套层次清晰、要求明确、循序渐进的培养和考核程序。教师个人要重视教学学术，要有学术的观念，重视教学中的交流和教学中的反思，在教学中研究，让研究为我们的教学服务。

第五章　教学学术视角下的教学型大学教师专业发展策略

20世纪70年代至今，在教师专业发展领域中先后出现了三种取向：理智（技术）取向、反思取向和生态取向。其中，理智（技术）取向将教师发展视为知识和技能发展，盛行于70年代；反思取向将教师发展视为自我理解，盛行于80年代后，该取向是在课程变革的背景下兴起的，提倡"教师即研究者"；生态取向将教师发展视为生态变革，是对反思取向的进一步扩展，将反思对象由"教师自我"扩展至教师专业发展的整个关系脉络。这三种取向的出现反映了教师专业发展由实体思维向建构主义思维的转变。

第一节　教学学术氛围营造策略

我们可以通过合作交流、反思评价、理性思考等多种途径促进大学教师专业发展，提高教师的教学学术水平，但是，若想真正发挥这些途径在大学教师专业发展中的作用，就要先解决如下问题，这才是解决问题的根本。

一、认识上：纠正"教学不是学术"的错误观

长期以来，传统的学术观认为，学术即科学研究。就是说那些具有探究性并能产生新的知识成果的活动才是学术，自然把科研之外的活动都扔到了学术之外。传统的教学观认为，教学就是传授知识和技能，是把知识或技能从教师这里传到学生那里，是一种简单的传递性活动而已。也就是说，学术是纯理论的活动，教学是纯实践性的活动。如何评价大学教师？目前最主要的评价指标就是看一个教师的科研成果，学术评价的这种狭隘性使大学教学被排除在学术之外，认为教学不是学术。

那么，教学是不是学术呢？学术是较为专门、系统的学问。舒尔曼认为："凡是能被视为学术的活动，都应该至少具有这些重要特点，是公开的、能够

面对批评的评论和评价，并能够与所在学术圈中的其他成员进行交流和使用。"这就是所有形式的学术的核心内容，而其重要特点是"适当的学术交流和评价能够为该领域中的知识添砖加瓦。"① 格拉塞克等人通过深入而广泛的调查发现，不论什么形式的学术都应该有以下 6 个标准：目标明确、准备充分、方法适当、结果显著、有效表达和批判反思②。综上所述，我们认为，大学教学是一种学术活动，因为大学教学符合上述关于"学术"的内涵和标准，大学教学不仅可以公开交流和接受评论，更是一种教学方面专门和系统的学问。如果认为教学不是学术活动，那么，自然淡化了教学的重要地位，进而影响教学质量的提高。因此，纠正教学不是学术的错误观是营造教学学术氛围的基本前提。

二、政策导向上：纠正唯科研论英雄观

联合国教科文组织 1998 年在巴黎发布的《世界高等教育宣言》指出，具有活力的教师发展政策是高等教育机构发展的关键③。艾博认为，关注教学对提升院校的活力和质量发挥着重要作用，但很多院校中的政策和实践都没能有效鼓励教师改进教学④。政策具有导向性，有什么样的政策，就会有什么样的行为趋向，这正如高考的指挥棒一样。目前唯科研论英雄的政策导向十分严重，在一定程度上影响了高校教学的发展和高校教学学术氛围的营造。

1. 职称评审政策的导向

目前，高校教师职称评定的主要标准就是科研成果，看课题、看论文，教学仅仅成了一个参照而已，这已经成了一种惯例。同时，职称与身份地位、工资、福利待遇等直接挂钩。在这种利益驱动下，大学教师不得不涌向科研这座独木桥，其结果必然使教师极大地淡化教学及其效果，更谈不上教学学术水平的提高了。为此，应该分类建构学术职务评审制度，建立"教学型教授"系列的职务评审体制。正如博耶所倡导的那样，应让教师能够"有尊严地多样化"，既让那些有能力、有机会从事科研工作的教师在科学发现、发明方面获得认可，也让那些有兴趣、有能力在教学领域表现卓越的教师拥有获得认可的机会⑤。

---

① 顾建民，董小燕. 美国高校的学术反思与学术评价 [J]. 高等教育研究，2002（2）.
② 王玉衡. 试论大学教学学术运动 [J]. 外国教育研究，2005（12）.
③ 明轩. 世界高等教育宣言概要 [J]. 教师发展研究，1999（3）.
④ 徐延宇. 高校教师发展 [M]. 北京：教育科学出版社，2009：11.
⑤ 陈伟，易芬云. 从遮蔽到去蔽：教学学术发展的制度分析 [J]. 高教探索，2010（4）.

2. 学校激励政策的导向

很多高校都将教师的发展片面理解为学历的高低或发表科研论文的数量多少以及刊物级别的高低，为此，许多高校将奖励制度的重心放在教师的科研业绩上。大部分高校明文规定，发表一篇核心或权威期刊论文奖励多少钱，拿到科研课题配套多少钱，而对于默默无闻辛苦在教学一线工作的教师却很少有人问津，并振振有词地说"科研可以量化，教学很难量化"，难道难以量化就可以成为不能奖励的理由吗？即使是教学成果奖、教学名师奖等的评选，也是形式主义倾向明显，易受科研标准左右，甚至有些教学成果的标准几乎用科研标准来评判。"重科研、轻教学"的风气十分严重，似乎拿不到课题，发表不了论文就是低水平的教师。这样的激励政策自然成为教师追求目标的指挥棒，教学质量的下降自然成为可能。如果说，上述政策对研究型大学尚且可以理解的话，那么对于教学型大学就真的理解不了了。因此，纠正唯科研论英雄政策是教学发展、营造教学学术氛围的保证。

三、教师培训上：纠正以科研素质提升为中心的不当做法

目前，我国高校教师培训主要包括高级研修班、国内访问学者、骨干教师进修班、高等学校教师在职攻读硕士学位、助教进修班、岗前培训、单科进修、短期研讨班、出国进修等形式。在这些培训中，绝大多数都是为提高教师科研能力和水平而设计的[①]。这样的培训起到科研为重的导向作用。教师培训可以是科研素养提升方面的，但是不能偏废教师需求的多样性，也应该更多地设计一些教学水平提升的培训项目，特别是随着社会条件的变化、教学技术的不断进步，教师要胜任新条件下的教学工作需要更新教学思想，掌握更有效的教学方法和教学技术，而这些方面的培训正是高校教师培训中经常被忽视的。纠正以科研素质提升为中心的培训模式是高校教学发展、营造教学学术氛围的有力支撑。

第二节　理智取向的发展策略

一、理智取向教师专业发展概述

理智取向视角与教师专业发展是相伴而生的。最初，由于受科学实证主

---

① 徐延宇. 高校教师发展［M］. 北京：教育科学出版社，2009：227-238.

义以及行为主义心理学的影响，学者们对教师专业性的研究主要集中在教师教学行为（behavior）和教学技能（skill）等方面，而后，由于心理学领域发生了转向——认知心理学兴起，对教师专长（expertise）和教师知识（knowledge）的研究开始占据主流。此外，通过对医生、律师、工程师等具有较高社会认可度的职业进行观察和分析，教育学者们发现"这些成熟的职业通过专业教育和临床实践已经建立了一套专门化知识，它们所宣称的专业地位也是基于这些知识"①。

正是在此背景之下，通过分析优秀专家教师的特质，具体细化教师必备的知识与技能，用以研制和确立教师专业标准；根据教育研究者的研究成果来确立教师培训的具体内容、一般模式和方法，形成结构完善的教师教育体系。理智取向教师专业发展的主要策略有：以专业标准为本，规定教师发展的内容和方向；由教师教育机构主导，突出教师教育者的影响；注重教育专家的学术引领，借鉴教育学术研究成果；关注教师的教学行为和教学认知，强调个体的着意训练②。强调教师行业的专门性与独特性，主张教学具有能与医生、律师等行业相媲美的专门知识与技能，教师教学应成为一门理智的职业，超越传统所认为的经验总结式的活动③。

在一定程度上，教育教学理论的科学化倾向和理智取向的教师专业发展是相互催生、相互促进的。理智取向教师专业发展坚信教师专业知识基础的理论性，主张要不断探寻有效教学的知识基础，发掘教学的一般规律。在此过程中，由于理智取向教师专业发展推崇教育学术研究的重要性，强调科学研究方法与工具的运用，从而使教育教学理论的科学性及实效性得到巩固和发展④。

理智取向教师专业发展强调教育教学实践的深化，其所倡导的理念、模式与方法，都具有较强的操作性和推广性。它关注课堂中教师教学行为的实际状况，聚焦于教师在课堂上运用的方法，并基于此总结出各种实用的教学技巧和教学案例；它对教学专业知识基础的探寻，最终形成了结构化的教师知识与技能，为教师教育课程的设置提供了基本框架；它所提出的教师专业发展的多种模式，至今还被广泛运用。理智取向之所以仍然是当前教师专业发展活动中具有主导地位的取向，便是基于以上的价值和意义。

---

① 靳玉乐，王磊. 理智取向教师专业发展的理念与策略［J］. 教师教育学报，2014（12）.
② 靳玉乐，王磊. 理智取向教师专业发展的理念与策略［J］. 教师教育学报，2014（12）.
③ 靳玉乐，王磊. 理智取向教师专业发展的理念与策略［J］. 教师教育学报，2014（12）.
④ 靳玉乐，王磊. 理智取向教师专业发展的理念与策略［J］. 教师教育学报，2014（12）.

二、教学学术与理智取向教师专业发展的共通性

博耶认为学术应包含相互区别又相互联系的四方面，即探究的学术、整合的学术、应用的学术和教学的学术。在博耶之后，众多学者从不同角度发展了教学学术的内涵和外延。教学学术能力包括学术能力和教学能力，它需要教师拥有独到的学术见识以及卓越的教学技艺，它使得教师成为一名能让学生"心服口服"的知识传播者。

因此，教学学术的内涵与外延，与理智取向教师专业发展的共通性不言自明，正是伴随着理智取向的教师专业发展，两者都强调教育教学知识和能力的重要性。

（一）教师观上的共通性：学科专家与学术教师

在传统社会观念中，教师（教学）的专业性并不被认可。与医生、律师等其他成熟专业相比，教师充其量算得上"准专业"。以往一个人只要具备一定的学科知识，就可以拿起教鞭从事教学，这就导致教师素质参差不齐，教育教学质量自然也就无法保证。在理智取向教师专业发展理念中，教师与专业化、教育质量之间被赋予了十分紧密的联系。理智取向教师专业发展主张公共教育质量的高低取决于教师水平的高低，而教师水平的高低则体现在其专业化程度的高低上。1986 年，掀起教师专业化运动序幕的两份报告——霍姆斯小组报告和卡耐基教学专业工作组（Camegie Task Force on Teaching as a Profession）报告，都围绕教师专业和教师教育问题明确表明：欲确保教育的质量，必须提高教师的专业水准[①]。

在理智取向视角下，对于教师个体而言，专业化的重要性是不言而喻的。效仿医生、律师等职业特性，理智取向教师专业发展强调教师对专业知识与技能的掌握，主张教师个体既是拥有丰富学科知识的专家，又是具备娴熟教学技能的技术人员。只有具备坚实的知识基础，教师才有权利和能力向学生传授科学知识，而同时只有熟悉教学的一般过程，掌握教学的一般技能，知识传授过程才能得以实现。秉持理智取向教师专业发展理念的学者普遍认为"用知识与技能来装备教师，将能增强其为全体学生提供良好学习机会的能力"，而"一支能够灵活运用教学策略、具备渊博学科知识的教师队伍，便是

---

① 王建军. 课程变革与教师专业发展［M］. 成都：四川教育出版社，2004：72-73.

更能提高学生学业成绩的教师队伍"[①]。博耶认为"在教学中，这四个方面的学术工作并非相互孤立、相互排斥，而是相互依存、共同促进的，处于同等重要的位置。教学的学术性意味着教师不仅要传授知识，而且要创造和扩展知识；教师的教学既在培养学生，又在造就学者"。他指出教师的教学学术主要目的是有效地呈现学科知识，根据一定目的把不同领域的知识有条理地组织起来，使学科知识对学生来说更易接受。因此，教学学术的内容具有系统性和专门性。它是系统而专门的教学学识，是大学各个学科教师从教学活动中总结、提取出来的教学知识、技能与成果。

（二）教师知识观的共通性：强调教学知识的重要性与可习得性

知识观是"人们关于知识的基本看法、观点及见解，或是对知识的来源、本质特性、范围及价值标准等相关的各种假设，是人们关于知识问题的总体认识和基本观点"[②]。有学者认为"教师的知识观是指教师个人对知识的看法、观点与态度，它构成了教师教学活动的内在背景"[③]。综合上述观点，笔者认为教师知识观是教师关于知识的看法和观念，是教师教育理念的重要组成部分，主要包括教师知识的性质、形式、来源和获得途径，它是教师专业发展中的核心，也是不同取向教师专业发展理念之间的主要分歧之一。

16—18世纪，人们对教师知识的看法，仅仅停留在拥有学科知识。到了19世纪，人们开始强调必要的教学知识和技巧知识[④]。20世纪50年代以来，学者对教师教学的研究在很大程度上受到行为心理学的影响，通过探讨教师行为对学生成绩的影响来研究教师教学的有效性，从而寻找决定成功教学的关键性变量。在一系列的研究中，教师的教学知识和技能作为重要变量凸显出来。20世纪80年代，关于教师知识的研究迎来了一个高峰期，其中一个里程碑式事件便是美国卡内基教学促进基金会主席舒尔曼对行为科学的教学研究进行了根本性批判，他认为"过程—结果"的研究缺乏"3C"，即内容（content）、认知（cognition）和语境（context），并提出了"学科教学知识"（Pedagogical Content Knowledge）。舒尔曼用"遗失的范式"来说明传统教师行为研究的缺陷是忽视教师知识，因此必须阐明在教师职业场域中发挥作用

---

① HARGREAVES A，FULLAN M. Understanding Teacher Development ［M］. New York：Teachers College Press，1992：1-2.

② 潘洪建. 教学知识论 ［M］. 兰州：甘肃教育出版社，2004：16.

③ 潘洪建. 知识观重塑：教师专业成长的重要课题 ［J］. 天津师范大学学（基础教育版），2006（4）.

④ 刘清华. 教师知识的模型建构研究 ［D］. 重庆：西南大学，2004：51.

的专业知识领域和结构①。他认为，尽管大家一直在讨论教学的知识基础，但都是在抽象地谈，并没有明确地说明这些知识的特征。因此，围绕自己所提出的学科教学知识，舒尔曼进一步提出了教师知识基础的结构框架，其中囊括了学科知识、一般教学知识、课程知识、学科教学知识、学习者及其特性知识、教育情景知识、教育目的及价值知识等范畴②。

理智取向的教师专业发展理念，在研究教师知识时，一般倾向于分析教师知识的整体结构和具体维度，旨在通过对教师知识的细化和归类，为教师教学梳理出"专业知识清单"。教师知识内容主要围绕学科知识和教学知识展开。

关于教师知识的来源，舒尔曼也有过论述。他认为教师知识基础至少有四个主要来源：①具体学科的学术成就；②教育材料和结构；③正规的教育学术研究；④实践的智慧③。需要指出的是，舒尔曼所说的"实践"和"实践—反思"取向所倡导的"实践"并不是一回事。舒尔曼所说的"实践的智慧"是指对个别教师的优秀教学实践进行分析、总结和编码，形成个案，以供其他教师学习④。因此，与"实践—反思"取向的教师专业发展理念不同，教师自身的个体观念与经验并不在舒尔曼所说的教师知识的讨论范围内。当教师的知识来源被认为是独立于教师自身之外，那么教师获得专业知识的过程便是通过各种途径向外部索取的过程。其中最快捷的途径无疑是接受教育学术专家的引领和教师教育机构的培训，这也是大多数持理智取向教师专业发展理念的学者所强调的。

我们再来反观教学学术的相关学者的观点。以舒尔曼等人为代表的大学教学学术运动在美国首先开始。舒尔曼认为："凡是能被视为学术的活动，都应该至少具有三个重要特点：是公开的，能够面对批判性的评论和评价，并能够与所在学术圈中的其他成员进行交流和使用。"这就是所有形式的学术的核心内容，而其重要特征是"适当的学术交流和评论能够为该领域中的知识添砖加瓦"⑤。那么，为什么大学教学是一种学术呢？首先，将教学视为学术的一种，就要不仅将教学作为一种活动，而且要作为一个探索的过程。兰迪·巴斯（Randy Bass）同意舒尔曼的说法，他认为，教学通常被定义为仅仅是

---

① 朱旭东. 教师专业发展理论研究 [M]. 北京：北京师范大学学出版社，2011. 58-59.

② 朱旭东. 教师专业发展理论研究 [M]. 北京：北京师范大学出版社，2011：62-64.

③ SHULMAN L S. Knowledge and teaching: foundations of the new reform [J]. Harvard Education Review. 1987，57 (1).

④ 靳玉乐，王磊. 理智取向教师专业发展的理念与策略 [J]. 教师教育学报，2014 (12)：25.

⑤ 顾建敏，董小燕. 美国高校的学术反思与学术评价 [J]. 高等教育研究，2002 (2)：23.

在教室中进行的教师和学生的互动（或甚至一些辅导课）；其实教学像其他形式的学术一样是一种成果，这种成果的显露需要经过一个长时间的过程①。布莱斯顿（J. M. Braxton）等人提出，教学学术评价的内容应该包括学术活动、未发表的学术成果、发表的学术成果三个方面。学术活动包括：指导学生的科研项目，开发新的教学大纲，考查学生高层次思维能力的试卷命题，建立课程参考书目清单，开发新课程等。未发表的学术成果包括：向同行发表关于新教学手段的演讲，试验新的教学方法，开发新的学生评价方法，就课程难点设计作业等。发表的学术成果包括：发表新的教学方法、评价方法、教学实验的成果发表。② 围绕教学学术相关理论的拓展与延伸，尤其是评价教学学术内容的相关指标的具体化、可操作化，使得教学型大学教师专业发展有了坚实的理论基石。博耶对教学学术能力做过如下描述性定义：深入理解教学内容，在教师的理解和学生的学习之间建立桥梁，认真计划并检查教学程序，刺激主动学习，超越知识传播实现知识改造和扩展③。如前文所述，教学学术是对教和学的研究，它包含探究、整合、实践、产出与反思的过程。在教学过程中，教师需要有条理地组织不同领域的知识，整合各种教学资源，甚至把教学从学术研究的视角进行分析、整合，进而形成教学学术成果，从事教学学术的教师不仅需要对教学理论进行反思，还要对学科教学实践和经验进行反思。

（三）教学专长观上的共通性：梳理专家教师特征

专长（expertise）指的是"专门的知识或技能"（尤指在某一领域）④。"教学专长"（teaching expertise），即教学所需要的专门知识与技能，也是一个与理智取向教师专业发展紧密联系的术语。在社会的每一个领域，都有这样一群杰出的人群，如医学专家、围棋大师等。而在教学领域，这些人往往被称为专家教师。对教学专长的研究，能够帮助我们更好地理解教育教学领域内杰出的知识技能特征，以及获得的途径和方法，用以指导其他教师的专业发展。长期以来，人们普遍认为教师之所以能够完成复杂的课堂教学任务，是因他们积累了丰富的经验而自然完成的⑤。直到 20 世纪 80 年代受专长理论

---

　　① 顾建敏，董小燕. 美国高校的学术反思与学术评价 [J]. 高等教育研究，2002（2）：23.

　　② 侯定凯. 博耶报告 20 年：教学学术的制度化进程 [J]. 复旦教育论坛，2010，（8）.

　　③ Michael Theall，John A. Centra. Assessing the scholarship of Teaching：Valid Decisions from Valid Evidence [J]. New Directions for Teaching and Learning，2001，（Summer）.

　　④ 霍恩比. 牛津高阶英汉双解词典：修订 4 版 [M]. 北京：商务印书馆，2002.

　　⑤ 朱旭东. 教师专业发展理论研究 [M]. 北京：北京师范大学出版社，2011：116-117.

的启发，教育学者们才开始了对教师教学专长的研究。对教学专长研究的基本思路是通过比较专家教师与新手教师的教学，分析专家教师在教学过程中所表现出来的各种特征，如教学行为特征、知识运用特征、洞察力特征、问题解决能力特征等，以此来探明专家教师和新手教师之间的差异。关于教学专长的研究成果可以分为三类。一类是关于教学专长实质的研究，以伯利纳和斯腾伯格为代表。伯利纳是较早研究教学专长的学者，他通过研究发现专家教师和新手教师的差异不仅在于教学经验的多少，更在于知识结构的差异。专家教师的知识结构使他们能够将不同的教学事件联系起来，从而探寻到更深层次的信息，而新手教师的知识结构则使他们只能形成对教学事件表层的、肤浅的理解[1]。此后，他经过进一步研究，提出了教师教学专长的基本构成，分为学科专长、课堂管理专长、教学专长和诊断专长。后来，斯腾伯格倡导要对教学专长进行"概念重建"，主张要从心理学视角重新理解教学专长，并提出教学专长的原型观——知识、效率和洞察力[2]。另一类是关于教学专长发展阶段的研究。不少研究者发现从新手教师到专家教师的转变呈现出明显的阶段化特征，如：伯利纳提出教师从新手到专家的转变过程分为五个阶段——新手阶段、高级新手阶段、胜任阶段、熟练阶段和专家阶段，并分析了教师在每个阶段所表现出来的知识和技能特征。格拉泽（Glaser）认为，专长的发展要经历外部支持、中间过渡和内部监控三个阶段[3]。有关专长的针对性训练成为众多教育研究者的共识，基于不同发展阶段、不同教育情景的教学训练成为重要的研究领域，并成为理智取向教师专业发展的重要理论基础，同时为丰富教师专业发展的途径和方式提供了借鉴思路。

关于教学学术的具体操作，有些学者认为，教学学术与大多数人所认为的课堂教学相比具有以下特点：能够对课程的发展、教学以及学生学习进行创新；通过出版物、论文、网络将自己的创新成果提供给那些不能够直接融入创新的教育者。并通过以下方法来对教学学术进行记录，如，在会上进行交流，在互联网上进行交流，用录像机记录下教学活动。衡量这种学术的方法之一是看研究成果在多大程度上被其他教师采用了。[4] 此外，为了突出教学学术中对学生学习的关注，美国学者将博耶提出的大学教学学术改名为教与

---

① Berliner D C. In pursuit of the expert pedagogue [J]. Educational Researcher，1986，15（7）.

② Sternberg R J，Horvath J A. A Prototype view of expert teaching [J]. Educational Researcher，1995，24（6）.

③ 杨翠蓉. 教师专业发展：专长的视野 [M]. 北京：教育科学出版社，2009：21-23.

④ 王玉衡. 试论大学教学学术运动 [J]. 外国教育研究，2005（12）.

学的学术。教与学的学术并不仅仅指一名能帮助学生学习好的教师，也不仅仅指成为一名经常阅读教学法文献、参加教学发展活动的学者型教师等[①]。教与学的学术是通过同行评估（peer-assessed）创造性地分享学科知识并提高学生学习成绩；不限制在传统的教师与学生互动的范围内交流，并进行反思性批评。而教学学术是教师从教与学的实践中提取出中心问题，通过使用合适的学科认识论的方法对这个问题进行研究，并将结果应用于实践，对结果进行交流、反思及同行评价[②]。因此，教学学术具有可交流性、创新性与反思性。教学学术是教师针对在教学实践中存在的问题进行研究，"教学有法、教无定法、贵在得法"，教学环境和学生群体的状态都存在复杂性与多变性，需要教师具备教学的创新意识与能力。但是一个人的时间、精力和资源毕竟是有限的，因此有必要与同行交流，通过专业教学研讨会、听评课、课堂模拟演练等形式与其他教师进行研讨、分析、解构课程、分享课程教学资源与信息。然而以上过程都需要教师通过反思，才能意识到自身教学研究与实践的不足，为下一周期的教学学术活动奠定基础。

（四）教学过程观上的共通性：强调教学技巧和教学效率

受现代科学主义和行为主义心理学研究成果影响，理智取向教师专业发展认为教学是一个抽象的、一般的、有着普遍性、本质性规律的过程。教学研究的目标便是将规律揭示出来，指导具体的教学实践。

理智取向视角下的教师专业发展，教师只需要理解学者们通过定量研究揭示出教学的一般过程，掌握不同的教学策略，遵循一定的教学模式，并应用于教学实践中，分步骤地向学生传授各种知识，其教学便被认为是有效的。理智取向教师专业发展理念，由于受现代工业社会中"效率至上"观念的影响，也主张追求高效的教学。在这种情况下，高效的教学便意味着教师必须具备娴熟的教学技能，更好地管理和控制课堂，并针对学生的行为、反应做出调整，使课堂教学按计划有秩序地进行，乃至达到自动化的程度，以便能在同等的时间内完成更多的工作量[③]。

教学学术代表人物舒尔曼所描绘的教学过程由 5 种要素组成：设想、设

---

① KATHLEEN MCKINNEY. Scholarship of Teaching and Learning [J]. Teaching/Learning Matters，ASA's Newsletter for the Section on Teaching and Learning in Sociology，2004，33 (3).

② EMPHASIS. Teaching and Learning，Volume10，No. 2，Nov.，2000. [EB/OL]. [2005－05－18]. http://www.ncsu.edu/fctl.

③ 赵昌木. 教师专业发展的技术理性取向 [J]. 当代教育科学，2012 (13).

计、互动、结果和分析。有了这些元素，教学就会扩展为：对所在学科存在问题和方法的广泛的看法，实施教学理念的计划和行为设计的能力，需要特殊技能的互动以及能够预期和无法预期的结果，对探索复杂实践所带来的特定结果进行某种分析。这样，教学就成为一种长期探究的活动。另外，当教师将工作公开、接受同行评价和批评，并与所在专业社团的其他成员进行交流时，反过来又加强了自己的工作。这时教学就变成教学学术，而这些也是所有学术所具有的特点①。

（五）教师发展观上的共通性：教师发展的阶段化与可控化

如前文所述，理智取向教师专业发展理念认为，教师专业发展的"知识清单"已经罗列，教师发展的目标与内容也因此而明确。因为教学过程的规律与本质已经发现，教师掌握这些规律，以及应用这些教学技巧的娴熟程度，直接影响了教师专业发展的稚嫩与成熟度。理智取向视角下的教师专业发展过程必然有阶段化的特点。教师在专业发展的不同阶段，有着相似的困惑与苦恼，对教育教学过程的规律理解和掌握程度相近，因此可以对处于相似阶段的教师群体进行统一的训练和指导，并组织处于不同发展阶段的教师进行教学经验、技巧和教学策略的分享与交流。在组织年轻教师或普通教师观摩名师名家的教学案例的过程中，专家进行分解和点评，总结其中的规律和教学模式，让其在效仿和迁移中促进自身的教学领域的专业发展。各位学术专家和教师教育者，也可以根据这些规律对教师的职前培养、职后各阶段的培训进行观察、记录、测评、干预、训练、提升，对教师进行"查漏补缺"，从而促进参训教师的进一步发展。

而教学学术是通过同行评估创造性地分享学科知识并提高学生学习；不限制在传统的教师—学生互动的范围内交流，并进行反思性批评。而教学学术是教师从教和学的实践中提取出中心问题，通过使用合适的学科认识论的方法对这个问题进行研究，并将结果应用于实践，对结果进行交流、反思及同行评价。教学学术的实践也是需要一段时间的过程养成与积累的。因为大多数的教师尚未养成从教学和学生的学习中发现问题、思考问题、系统分析问题，把教学当作研究的习惯。从终结性补救到继续探索研究，是教学学术的主要内容。而这种成长与积累，不是新手教师能够胜任的，因此，与理智取向教师专业发展相似，教学学术视角下的教师专业发展也是阶段化与可控

---

① RANDY BASS. The Scholarship of Teaching：What's the Problem？［EB/OL］．［2005－05－24］．http：//www．doiiit．gmu．edu/Archives/feb98/rbass．htm．

化的。

三、教学学术视域下的理智取向的教学型大学教师专业发展策略

（一）目标导向：以大学定位、职能发展为本，确定专业发展的内容与方向

不同的大学必须有自己清晰的职能定位，明确自己的发展重点，发挥自己的特色与特长。不同大学的教师在专业发展的横纵向维度上，也需要明确自身的专业发展重点和特色。如前文所述，教学型大学教师对应的专业发展，包括教学专业发展、学科专业发展、社会服务专业发展三大板块。三者之间是三螺旋关系，即围绕大学教师专业发展这一主轴，相互交叉叠加、融合促进，又平行独立。伴随教师个体从初入职的"生存—适应期"直至"退职前期"这段时间，这三大板块在不同时期的侧重点有所不同。

理智取向视角下的教师专业发展的目标被认为应该由统一的教师专业标准来体现。对教师的专业发展而言，教师专业标准的重要意义在于：第一，不同类型、不同层次、不同阶段、不同学科的大学教师群体，应当确立相应的教师专业标准，明确教师所需掌握的专业知识与技能，明确其教师专业发展内容和方向，避免发展中的盲目性和随意性；第二，该专业标准还可以被用于教师教育课程及内容的设计、教师资格认证、学校教师考核与评价等方面，以期对教师专业发展产生持续的影响。因此，在一定程度上，理智取向教师专业发展促进了教师朝着专业标准不断努力乃至达成。

（二）思想意识：重构系统内的"学术"概念

第一，宏观教育主管部门要分类型、分层次地考核不同的大学。将教学学术水平纳入考核标准之中。

第二，大学管理者实现思想观念上的洗礼，树立教学学术观念。要从学术研究的视角重新认识和理解教学，理解学术的多元性，认识到教学本质上是一种学术活动。因为教师不愿意投入更多的精力在教学领域，究其主要原因是当前大学的评价体制和高校管理者制定的具体评价细则，过分倚重学术的科学研究，"学术＝科学研究"被大学管理者默许。然而，大学教师"科研经费""论文发表"的"量"与"质"在很大程度上直接决定了教师个人在大学的价值。可见，学术的完整内涵在现实层面上被轻视。大学管理者对教师尤其是青年教师的关注更多停留在教学技能的培训上，忽视引导教师从学术研究的视野和高度，认识和把握教学，引导教师将教学视为充满探究性、创

造性和反思性的学术活动。

　　第三，催化大学教师自主自觉的教学学术意识，深刻理解教学学术内涵。充分认识教学在大学学术活动中的地位与价值，拓宽学术的视角，以科学研究的态度与分析能力，审视教学，平衡教学与科研的关系，促进自身教学领域的专业发展。与学科专业学术强调高深性、理论性相比，教学学术更加注重理论与实践的沟通，强调教育教学实践问题的解决与改进。教学学术生成的是学科教学知识与教学实践知识，它有利于教师将信奉的理论与使用理论结合起来，对于克服教师宣扬理论与使用理论的分离具有重大的现实价值①。

（三）组织模式：以教学学术中心为主导，突出教学实践性知识与训练

　　在组织模式层面上，理智取向教师专业发展主张以各类教师教育机构为主体，对教师进行系统、全面、有步骤、有计划的培训。如前文所述，在理智取向视域中，教师教学过程中所需的知识均是在教师之外的客观化、规律化的知识。教师自身无法"生产"，必须通过系统的理论学习和职业训练而获得，其最佳途径便是接受教师教育机构的培训。无论是师范生的培养，还是入职教师的培训，抑或是在职教师的专业成长，都需要由教师教育机构主导，统一规划和实施。

　　教学学术视角下的教师专业发展需要建设"教学学术研究与发展中心"，即教师教学发展示范与指导中心，给教师教学发展提供组织支持与交流平台。作为学术性服务组织，教师教学发展中心不仅要为青年教师提供教育教学理论知识的培训、必要的初级教学技能的指导，更要通过教学学术工作坊、教学咨询与诊断、同行听评课与学生评教、相关教学学术成果的展示与推介等多种活动转变青年教师的学术观念，尊重并践行教学学术，从根本上促进、提高和评估教学质量与学生学习效果。

　　大学教师发展中心的目标是通过教师培训、质量评估、研究交流、咨询服务等工作，促进教师发展，提升教学水平，提高人才培养质量。用四个"服务"可以概括其宗旨：服务教师、服务教研、服务教学、服务学术。它的功能和定位可以表述为教师培训的专家库、教学改革的推动者、研究交流的组织者、质量评估的执行者、咨询服务的提供者②。

　　美国西雅图华盛顿大学的教学发展与研究中心，面向全校教师、助教和各院系教学科研人员，旨在为实现优秀的教学和研究活动提供支持，营造教

---

① 张忠华，尹华. 教学学术研究：青年教师专业发展的根本途径［J］. 教育科学研究，2013（4）.
② 刘丹平，高娟. 加利福尼亚州立大学教师发展中心的特点及启示［J］. 教育探索，2012（11）.

学学术文化氛围。其主要工作职责包括[①]：第一，教师与助教的咨询服务。在教与学问题探讨环节，西雅图华盛顿大学的教学发展中心组织教师和助教讨论教学相关议题，商讨课程、讲义与教学法，让教师与助教学习如何进行教学合作；在教学回馈环节，教学发展中心请专业咨询者到教师和助教的课堂观察，提出改善课堂教学的意见，课后访问学生，并协助教师和助教分析来自学生回馈的资料。第二，教学评估咨询服务。教学发展中心协助系所发展课程学习目标，提供教、学、设计与评估的特殊议题咨询，协助试验、执行和评估教学学术效果以及课程与规划成果的鉴定。第三，教学资源。教学发展中心为教师提供各种在线教学相关议题的数据与材料，包括教学管理、教育技术的运用、教学理论、教学方法以及教学评价等，并帮助教师建立校内其他相关教学的联结。第四，教学活动。教学中心的教学活动包括研讨会、助理会议、教师培训。教学发展中心定期举办校内教学研讨会，并提供在线数据与问题，促进教师相互交流，分享经验；每年举办助理教师教学会议，并提供在线会议的网络资源；在教学技能方面对新进教师进行系统培训，让教师系统掌握教学理论与教学技能方面的知识。

我国教育部高教司在《关于启动国家级教师教学发展示范中心建设工作的通知》中提到，教学发展中心的重点突出建设内容包括：教师培训、教学咨询服务、教学改革研究、教学质量评估、优质教学资源分享等，以教师研习营、教学沙龙、名师工作坊、教学竞赛、教学咨询等多种形式展开。

（四）运作机制：以榜样示范和个性指导为依托，兼顾共性与差异

正如舒尔曼所言："我们还不能完全知道哪些原理和实践（对教学来说）是必要的。但至少我们相信，学者和专家教师能够定义、描述和复制出'好的教学'。"[②] 理智取向的教师专业发展理论非常注重教育专家的学术引领，并积极借鉴和吸收教育教学理论的研究成果。大到宏观制度层面，每一项教师教育政策的颁布和教师教育标准的确立，都希望得到人们的普遍认可和信服，也需要有相应的教育教学理论作支撑；在中观层面上，教师教育课程建设与实施，需要教育教学专家的参与，需要经过教育专家严谨的学术论证；在微观层面上，具体的教学实践同样需要教育专家的指导、答疑解惑，如果仅靠

---

① Center for Instructional Development and Research. ［EB/OL］.［2013-6-23］. http：//depts. washington. edu/cidrweb/consulting /faculty.

② SHULMAN L S. Knowledge and teaching：foundations of the new reform［J］. Harvard Education Review. 1987，57（1）.

教师一人之力，在经验中慢慢摸索、积累，不仅周期长、效率低，而且效果不一定理想。反之，若能接受教育专家的指导，依托、借鉴教育教学研究成果，就有可能达到事半功倍的效果。总之，基于教育教学专家的学术研究成果是理智取向教师专业发展策略的重要特点。

理智取向的教师专业发展较为关注教师的教学行为和教学认知，强调个体的着意训练。如前所述，伴随认知心理学的发展，催生了教育学科对教学专长的研究。专家教师区别于新手教师的"高效"根源于其独特的教学认知结构和认知过程。教育学者认为，专家教师的独特教学认知是通过教学实践反复练习而来的。普通教师要获得这些教学认知，就必须进行有针对性的训练。但由于教学情景的复杂性和不确定性，教师无法在真实的教学实践中针对某一方面的教学能力进行重复训练。因此，许多学者建议，教师可以通过参考和借鉴其他教师（不一定是优秀教师）的教学实践案例，反思自己在洞察力、思考力、教学力、问题解决力等教学认知上的不足，有针对性地采取相应的着意训练。在此方面，教学学术代表人物舒尔曼所提倡的案例教学便是典型代表。案例教学与传统教师行为培养策略的最大区别在于前者对教育情境和教师认知给予高度关注。通过开发教育性案例，创设具体的教育情境，让教师在实践中对教学理论进行意义的建构和反思（注：这里所说的"反思"是一种技术性反思，即反思自己的教学实践是否达到外部权威所确定的优秀教学标准，这与实践反思取向教师专业发展理论所倡导的"反思"有很大差异），经过这样多次重复和强化学习，促使教师教学认知的不断深入发展。

伴随社会的不断发展，理智取向教师专业发展理论的局限性也屡遭批评。如：过于注重专业知识与技能训练，忽视教师的专业情意、态度和信念的引导与培养；过于突出统一化和标准化，忽略教师间、教学情境、学科间的差异性和多样性；过于强调教育学科专家的说教，导致个体被动接受，缺乏关注教师发展的内在动机。强化教学学术、提升教学能力无外乎"在教学实践中培养、在教学研究中升华"。因此，教学学术视角下的教学型大学教师专业发展模式在运作机制方面，以教学学术为引领，通过榜样示范和个性指导，兼顾教育教学过程中的共通性与差异性，以期通过学术研究的视角与高度，"俯视"与解构教学过程。

教学学术中心提供优质的教学资源以及个性化、多元化、跨学科的教学咨询服务，组织开展教学改革项目，进行各阶段教师专业发展培训，对教师教学质量进行追踪、诊断、评估等。教师在接受教学咨询服务和参与教学改革项目过程中，逐渐形成探究意识，了解教学学术的实质，把握教学学术的过程，通过教学质量追踪、诊断、评估，激励教师凝练教学学术成果，提升教学的学术"含金量";根据教师专业发展各阶段的教学水平与主要的教学困惑,有针对性地开展各种教师培训活动,尽可能地优化教师的教学实践活动。两者在相互促进中,潜移默化地影响教师教学学术意识,提升教师教学学术能力,激励教师在日常教学中践行教学学术。

(五)质量保证:以科学灵活的评价机制为督导,定量与定性相结合

目前,受外部社会、大学评价体制的影响,教师无法潜心教学。教学,这一最悠久、最根本、最核心的职能开始被边缘化。必须明确教师教学专业发展动机的来源,一是自身,二是所在大学,三是外部社会。然而当前以"教学和科研的二分法"的思维评价大学教师,教学和研究之间的耦合关系被有意或无意地忽视。在当前大学管理体制中,依然对教师的教学水平、教学研究成果很难予以学术承认与公正评价。如前文所述,教学学术的成果呈现方式灵活多样,但是仅仅注重数量的考核,忽略质量的评定,也是不公正的。因此,教学学术成果的质量保证,有赖于建立以科学灵活的评价机制为督导的,定量与定性相结合的评价体制。

纵观教师专业理论发展历史,关于教师专业发展反思取向和生态取向的研究和探讨渐渐成为教师专业发展理论的主流,但是,理智取向的教师专业发展理论仍然是基础。近几年来,教学学术从理论到具体操作,研究如火如荼,我们需要看到两者之间的共通性,意识到在教师专业发展模式的探讨中,教师是否具备相关的教学知识与技能是发展的前提。另外,教学学术中心的成立与具体实施策略,都是在努力帮助教师在有限的时间内获得更好的专业发展,这些都是源于理智取向教师专业发展的"高效",正是基于此,两者之间的互通性更值得我们继承、借鉴,乃至进一步研究。

第三节　反思取向的发展策略

教学型大学的性质、功能和人才培养目标决定了教学型大学的教师专业发展的主要方向是成为教学学术型教师。所谓教学学术型教师,特指这样一种类型的教师:以本学科的认识论为基础,以优秀的教学为核心,对在教学实践中存在的问题进行系统研究,通过同行专家的评议将其上升为理论层次,并把理论和研究的反思运用到实践,从而改进教学,公开发表并推广经过实

践证明的富有成效的理论以提升教学水平①。可见，在教学学术型教师专业发展的过程中，教学反思扮演着十分重要的角色，反思取向教师专业发展理念的出现具有变革性的意义。如何充分发挥教学反思的功能，有效促进教学型大学教师的专业发展，必须在厘清反思内涵的基础上，针对教学学术的运行机制，结合教学型大学教师专业发展的特点，构建有利于促进教师反思性工作的机制。

一、教学反思的内涵

"反思"在哲学、心理学、社会学等领域都有着广泛的应用，其核心在于人们理性关照世界、关照事物、关照自身的过程与结果，其目的集中于让人融合内外部因素，更好地认识和改造主观世界和客观世界。

在教育学领域，"反思"被广泛地运用于解决教与学的问题。20世纪初的教育哲学家约翰·杜威可看成首倡者和先导者。杜威在其专著《我们怎样思维：经验与教育》和《民主主义与教育》中，极力主张将"反思"与教学实践联系在一起，并将教师作为最重要的反思者。他不仅对作为广义的反思进行了深刻的论述，而且积极地把反思研究与教师教育联系起来，对教师的反思性思维进行了精辟的阐述。杜威认为"反省思维"即是指"对某个问题进行反复的、严肃的、持续不断的深思"；反思"指对任何信念或假定的知识形式，根据支持它的基础和它趋于达到的进一步结论而进行的、积极的、周密的和持续的思考"；反思是"包括这样一种有意识和自愿的努力，即在证据和理性的坚实基础上建立信念"②。

美国马萨诸塞州技术大学的舍恩教授进一步将反思与实践密切联系起来，他在1983年发表的著作《反思型实践者：专业人员如何在行动中思考》中首次提出了"反思性实践"的概念，认为反思性实践既要"反思"又要"行动"，推动了教育界对教学反思的重视。舍恩反对20世纪80年代以前一直支配着教师专业实践的技术理性主义，提出了技术理性主义错误将教育实践简化为单纯的技术控制过程；教师的教学实践不应该是纯技术性的，而是在以复杂性、情境性和变动性为主要特征的教学中充满理性精神和人文精神的反思性行为，教师应该是"反思型实践者"。对于教学反思，舍恩还提出了两种反思的分类和一个反思的重要概念。两种反思分类即以产生的时间作为维度

①　石巧君. 教学学术型教师的成长路径研究［J］，现代企业教育，2011（01）.
②　约翰·杜威. 我们怎样思维：经验与教育［M］. 姜文阁，译. 北京：人民教育出版社，1991：8.

来划分的教师反思类型：一是"对行动的反思"，二是"行动中的反思"。"对行动的反思"指个体对业已发生的行为进行回顾性的思考，也包括对"行动中的反思"的结果和过程进行反思。时间上，它们可以发生在行动之前或者行动之后，即包括课前对课堂教学的思考和计划，也包括课后对课堂事件的思考。"行动中的反思"就是个体有意识地或在潜意识中不断地对与自己以往经验不相符的、未曾预料的问题情境进行重新建构。舍恩还提出了一个重要的概念，用来描述教师针对特定教学情境中即时反思的结果，即他所说的行动中的知识。它属于英国哲学家迈克尔·波兰尼所提出的缄默知识的范畴，是一种实践性知识。对于反思的过程，舍恩也有独到的见解。他根据自己对反思的理解，指出了反思性实践者的反思沿着"欣赏—行动—再欣赏"三阶段螺旋上升的途径展开。在这一过程中，实践者已有的价值、知识、理论与实践会在经验中得以反映，并对自己的经验进行解释和欣赏。舍恩称这种技能为"欣赏系统"，舍恩的以上认识，为我们理解教学反思的内涵提供了重要的启示①。

　　实际上，关于教学反思的内涵，诸多学者进行了研究和诠释。著名教育家叶澜说："一个教师写一辈子教案不一定成为名师，但如果一个教师写三年反思则有可能成为名师。"梁建生指出，教学反思是指教师在教学实践中，批判地考察自我的主体行为表现及其行为依据，通过观察、回顾、诊断、自我监控等方式，或给予肯定、支持与强化，或给予否定、思索与修正，将"学会教学"与"学会学习"结合起来，从而努力提升教学实践和理念，提高教学效率的过程②。著名教育学家波斯纳提出一个教师成长公式，即"经验＋反思＝成长"，并指出没有反思的经验是狭隘的经验，至多只能成为肤浅的知识，如果教师仅仅满足于获得经验而不进行深入的思索，那么即使有多年的教学经验，充其量也只是一个教书匠。教学反思是教师自觉地把自己的课堂教学实践作为研究对象而进行全面、深刻的总结和思考。简而言之是一种教后的教学活动得失反省，教师的反思能力是一种理性智慧，通过反思，教师能够对自己的教育观念进行客观的、理性的认识、判断、评价，进行有效的调节，并最终形成教师个人化的、独特的、带有新质特点的教育观念。通过反思能力的发展，教师的自主能力逐渐得到增强③。

　　在教学反思纷繁芜杂的表现形式下，其本质内涵是不变的，即"一种自

①　黄怡然. 教学反思与教师专业发展［D］. 福州：福建师范大学，2010：11-12.
②　梁建生. 在教学反思中学会教学［J］. 新课程教学案例，2006（11）.
③　石巧君. 教学学术型教师的成长路径研究［J］. 现代企业教育，2011（01）.

我对话、自我感悟"。"实践反思实际上是与自我对话，是自我对过去所沉积的经验、历史、思想等所进行的反思性理解。教师把自己的教育教学实践中的点点滴滴教育经验和教育思想悬置起来，作为反思的对象，对自己的教育经验和外在世界进行反思，从而提高自我理解和自我改进的水平。"①

从本质上讲，教学反思需要强调对话，其核心是思想和需求在行动层面的思考。换句话说，要进行对话，就必须分别将身份与一系列平等和有价值的角色分开，并与自己进行"讨论"。不同的"行动者"坚持不同的立场和假设，互相挑战以证明他们的行为是正当的。这将防止从个人思维转变为孤立的、封闭的、统一的、结构化的过程和模型，并在公平和客观的基础上提高人们对事物的认识，并平衡有效决策的条件或因素。人的发展具有阶段性，我们有必要对过去的自己进行审视，对今天的自己充分认识，对未来的自己给予期许，而这些本质上是自我的对话，是一种"止于至善"的追求完美式的对话。然而，在教学思考过程中，人们面对不同的观点和观念的时候，有必要建立一种平等、协同、互促的关系，克服固执、羞耻、焦虑等不良情绪，坚持正确的方向引领，最终达成科学思想的更新。这是教师超越教学瓶颈、生成教育智慧、达成教育价值的有效途径。

同时，必须明确的是，教学反思并不能单纯地等同于教师对教学事务的回顾总结。它既包含对问题和困惑的思索、对经验的总结提升、对观念的改造，也应包含研究性实践的成分，是以问题解决为契机的自我对话、自我超越②。

二、教学反思在教学学术的运行机制中的价值

（一）教学学术的运行机制

关于教学学术的内涵及其对于教学型大学教师专业发展的意义，前文已有论述，不再重复，这里主要对教学学术的运行机制进行探讨，以确立教学反思在教学学术运行中的重要作用。博耶在 1990 年发表的《学术反思——教授工作的重点领域》报告中明确指出，教学学术包含两种不同但彼此交织的活动：教学实践活动（学术性的教学）与理论生成活动（教学的学术化）。两者的紧密联系表明，学术性的教学实践已超越传统意义上仅凭个人实践智慧，

---

① 梁建生. 在教学反思中学会教学 [J]. 新课程教学案例，2006（11）.

② 黄怡然. 教学反思与教师专业发展 [D]. 福州：福建师范大学，2010：14-15.

并通过大量的教学试误来缓慢地形成个体教学专家知识的发展路径，而是在有意识地借鉴教学学术的已有成果基础上，通过反思、观察、交流、分析等教学研究过程，有目的地设计教学、评价教学与改进教学，由此教学活动本身成为教师施展教学学术的重要阵地。正如卡罗琳·克莱博所明确指出的："教学学术本质上是教学活动的一个方面，是教学活动推展的内在动力，它表明，教学活动是一个有着学术探究与学术实践目的的实践行动。"① 教学理论的生成是建立在对教学实践活动的反思、提升与抽象基础上的，是通过与实践的对话不断发展的，由于与实践情境的紧密对接，教学理论为新一轮的教学实践提供了重要的教与学的知识基础。劳拉·里奇林构建的"教学学术实践活动层面与理论生成层面循环互动机制图"（图 5-1）就非常明确地诠释了教学学术的实践活动层面与理论生成层面之间的这种联系与互动②。

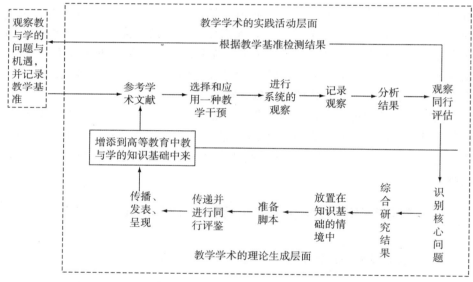

图 5-1 教学学术实践活动层面与理论生成层面循环互动机制图

（二）教学反思在教学学术运行机制中的价值

第一，教学反思源于教学问题的研究取向符合教学学术研究性的特点。

① TRIGWELL K. Student learning and the scholarship of university teaching [J]. Studies in Higher Education，2004（04）.

② RICHLIN L. Scholarly teaching and the scholarship of teacing [J]. New Directions for Teaching and Learning，2001（04）.

在图 5 - 1 中劳拉·里奇林构建的这一教学学术的完整框架中，教学问题的识别及教学基准的建立是整个学术过程的起点，而解决问题的过程其实就是研究者的学术参与过程。大学教学具有问题性，在连续生成与解决问题的过程中，形成了研究者的学术问题谱系，所以大学教学的问题性是教学学术活动的起点，是大学教学持续改进的动力所在①。

　　教学型大学教学学术活动体现出明显的研究性，这既渗透于实践活动层面，也彰显于理论生成层面。前者表现为，教师从课前备课、教学干预手段的选择、课堂评价，直至修正教学等各个环节，不是一种无目的的试误行动过程，而是在借鉴已有教学公共知识的基础上，生成设计假设、解决教学问题、发展教学理解的动态过程。通过"在设计中研究、在研究中设计"，教师不断生成更加完善的教学专家知识，提高驾驭教学的能力②。后者表现为，教学学术的理论成果来源于对教学实践问题及其解决经验的进一步提炼、升华与抽象，并且扎根于实践的原初研究成果，在与已有的教学公共知识基础形成协商、互动、借鉴、反思、整合与修正的过程中，逐步表现出系统化、文本化的理论形态，并通过同行评议与发表，走入、扩充及完善教学的公共知识基础。将"实践经验进行优化提升、系统发展，形成规范的知识体系，产生学术文本，这是学术研究活动的重要阶段与形式"③。可见，在这一过程中，教学反思发挥着重要的作用，这与教学反思源于教学问题的研究取向有着密切的关系。

　　实际上，教师的教学反思有赖于教学中的"问题"。美国学者帕森斯（Richard D. Parsons）等人认为："作为反思实践者，教师尝试着研究那些有助于决策和教学的实践问题，而这种兴趣与好奇心可能来源于某个理论或教师自己的教学实践。"④ 国内学者也认为"教学反思以探究和需要进行反思积极教学问题为基本点，以追求教学实践合理性为动力，它可以激活教师的教学智慧。"⑤ 事实上，教学反思与教学过程中的问题紧密相关，教学反思必须研究教学问题。教师若不善于观察自己的教育教学活动，就难以找到教学实践中的问题。部分教师对教学实践的观察缺乏一种专业的眼光，仅仅是流于一般形式的"随意看看"，列出几处不足，也没有做详细具体的分析，探究背

---

　　① 时伟. 大学教师专业发展模式探析：基于大学教学学术性的视角 [J]. 教育研究，2008（07）.

　　② 吕林海. 论基于设计的研究的主旨、特征及案例简析 [J]. 教育科学，2007（05）.

　　③ 杨永林. 何谓学术?：学术研究的范式特征 [J]. 中国外语，2007（03）.

　　④ Richard D. Parsons, Kimberlee S. Brown. 反思型教师与行动研究 [M]. 郑丹丹，译. 北京：中国轻工业出版社，2005：39.

　　⑤ 刘健智，谢晖. 关于教学反思的探讨 [J]. 中国教育学刊，2010（01）.

后的深层原因。教师若疏于观察和发现问题，对教学缺乏兴趣并失去好奇心，反思的主动性会逐渐丧失，极容易导致对"强制"的依赖，在被学校或其他的强制性力量要求的时候，才进行"反思"。由此带来的后果是不能很好地以主体的身份融入教育教学，教学反思缺乏现实教学问题的依托，不具备实际的研究价值和可操作性。教师只有在教学中注重"知识的整理、归类和知识体系的建立、知识框架的搭建"等问题，善于对习惯的行为和观念进行反思、质疑，主动思考、积极研究存在问题，才能走出教学的困境，提升自己的教学学术水平，促进自身的专业发展。

第二，教师通过教学反思实现专业提升的发展趋向符合教学学术实践性的特点。从图5-1可以看出，教学学术具有理论生成和实践生成两个层面，而且这两者之间构成了回路循环的联系，可以说，教学型大学的教学学术具有明显的实践扎根性。教学的理论学术成果为教师提供了原初的理论支撑，但教师需要在独特、多变与复杂的教学实践情境中进行个性化的教学设计，在解决教学问题、逐步提升教学水平和教学质量的过程中，形成更加有效的设计拓展，并完善已有的教与学理论。由此，以教学问题为牵引，教学学术是在"理论与实践之间的彼此交易、循环迭代、相互提供信息过程中获得更加完善与精致化的实践改进及理论成果"①。从学术的角度来看，大学教学是一个不断探索和发现的过程。在教学过程中，教师要不断研究面临和存在的问题，诸如"传授哪些知识和技能""学生的心理特点是什么"以及"如何传授知识和技能"等。教师要针对诸如此类的问题研究确定解决方案，并对实施过程和实施结果进行总结、交流、评价和反思，从而使教学工作更具创造性和研究价值，使教师教学的"实践智慧"得到应有的承认和有力支撑。

教学反思通过对教学实践问题的反馈性再创造、促进教师专业水平提升的发展趋向恰好能彰显出教学学术的这种实践性特质。实际上，教学反思是开展教学学术研究的一种有效手段。教学学术作为一种学术，需要经过一个不断探索和完善的过程。莱斯认为，教学学术研究主要有三种知识的生成与应用，包括：概要性知识，类似于"学科内容知识"或"学科内容领域中的学术"；教学法知识，类似于"正式的教育学问"，特别是有关教与学的学问；学科教学内容知识，即学科内容与教学法的融合。这就要求教师在教学过程中，不仅要不断丰富和完善所教学科的知识、教学法知识和学科教学知识，还要学会把这些知识科学地和有效地结合在一起，融入教学过程中。教师要

① 杨南昌. 基于设计的研究：正在兴起的学习研究新范式［J］. 中国电化教育，2007（05）.

不断将教育教学理论和教学实践相结合，将对理论的研究和反思与来自教学经验的知识相结合，不断检查、反省自己的教学过程，监控教学行为，改进教学方法，提升教学实践水平。同时，教师要将自己的教学活动公开，与教学团队的其他成员共同交流感受，共同评价教学效果，探讨和改进教学方法，最终分享教学实践经验。通过这些知识的应用和反思，教师不断丰富教学实践经验，形成教学智慧，从而促进教师的专业技能水平的持续提高以及综合素质的全面提升。

三、教学反思对于促进教学型大学教师专业发展的价值

从整体上看，教学反思的价值在于激发实践中的问题意识，使教师不容易为传统、习惯、非理性的冲动和权威所束缚；不满足于职业生活中的平庸肤浅，能够主动挖掘自我潜能，探究问题和改进教学行为。教学反思能同时提高教学实践和教师本身的专业素质。在教学实践方面，它能优化已有的教学经验，显化教师的内隐观念，凸显不适宜的认识，从而改善它们；在专业的素质和教师的自我意识的方面，能够帮助教师提高职业生涯发展的自主性，塑造良好的专业人格。针对教学型大学教师，教学反思的作用更为明显。

（一）教学反思有助于提升教学型大学教师教学学术的理论水平

根据教学学术的生成及运行机制，教学型大学教师的教学学术理论水平提升并非一个孤立的系统，而是一个融合了教学实践活动逐步完善、提升的循环过程。实际上，在教学实践中，教师常常受到两种教学理论的影响：一种是内含的"应用理论"，另一种是外显的"倡导理论"。前者属于教师个人化的理论，是教师个人在自己教学实践情景中形成的某种教学观念假设，带有鲜明的情感色彩，往往不具备普遍的指导意义；后者属于大众所追求并认可的理论，而且具有普遍的指导意义。如果从教师个人教学实践的效能来看，"应用理论"无疑更具有针对性和个性化，但"应用理论"显然无法脱离"倡导理论"的指引。在具体的教学实践活动中，每一位教师都会形成一些对教学问题的理解和认识，这种理解和认识的背后必然有某种教学理论的支撑。内隐的应用理论随时地以无意识的方式影响着教师的教学行为，但外显的倡导理论与内隐的应用理论之间不存在不可逾越的鸿沟，两种教学理论转化的过程正是教师开展教学反思的过程。外显的倡导理论借助教师的反思性教学实践转化为内隐的应用理论，在对教学实践产生积极影响、提高教师教学水平的同时，使教师教学学术理论水平得到提升。更进一步分析，教学型大学

教师对教学的"实施"及"研究"的双重责任，也使得教学型大学教师的教学反思相较于研究型大学教师或基础教育教师的教学反思更具有专业发展的意味。反思性教学实践既是沟通教学型大学教师外显的"倡导理论"与内隐的"应用理论"的桥梁，也是提高教师教学学术理论素质的有效途径①。

（二）教学反思有助于教学型大学教师实现向学者型教师的转变

教学型大学的定位及功能决定了教学型大学的教师不应只成为一个技术型的教书匠，而应努力成为兼具教学能力和研究能力的学者型教师，这就决定了关于教育教学的研究是教学型大学教师专业发展的一个既定及重点方向。然而，传统的教育研究范式中，研究与行动往往是相互分离的。实践者和研究者也是分离的，由此造成教育研究中所谓的"两张皮"现象，使得研究者所研究的问题与实践者在实践中遇到的问题无关，研究成果不能解决实践者的具体问题，而实践者却有"盲人摸象"之感。以教学反思为路径，开展教育教学研究，可以将研究和实践统一起来。教学反思不是一般意义上的"回顾"，而是反省、思考、探索和解决教育教学过程中各个方面的问题，具有研究的性质。教师不但是教学的实践者，也是批判地、系统地考察自己教育教学实践的研究者，从而可以更好地理解自己的课堂和改善自己的教育实践。这种自我研究，既是教师职业自主性的表现，也能不断促进教师职业能力的发展。而教师若要完美地兼任实践者与研究者的双重角色，除了需要掌握必要的研究技能之外，还要通过不断的质疑，"追问"实践，并完成在自己的教育教学背景下对教育教学实践理解的建构和再建构。通过教学反思，教师领会了反思的基本内涵和方式方法，形成了一定的教学反思能力，然后在这个反思能力和水平阶段的基础上，形成一个有别于之前更高层次的专业状态，并用已提升的专业水平继续开展新的教学工作。从课堂教学的效果来看，经过教学反思之后的教学是反思前教学的优化，目标的达成、手段的选择和教学成效等方面都达到了一个更高的水平，而经过反思后形成自己对教学现象、教学问题的独立思考和创造性见解，也是对之前教育教学理论的优化和完善，教师在不断反思的过程中让自己成为"学者型"教师，形成自己的教学风格和研究风格，从而彰显教学型大学教师的本质。

（三）教学反思有助于推动教学型大学教师的专业成长

促进教学型大学教师的专业成长途径有很多，比如终身学习、行动研究、

---

① 彭志洪. 教学反思：教师专业发展的必由之路 [J]. 教育学术月刊，2011（06）.

教学反思、同伴互助、专业引领、课题研究等，教学反思只是其中的一种。教学反思与其他教师专业发展途径的不同之处就在于它贯串教学工作流程的监控机制，它不仅是借助教师本身的力量来实现的，也是通过以教师自己的教学实践为认识改造的对象来进行的。这样，研究者与研究的对象，提高者与提高的对象均是从教师本身这一"原点"出发和落实的。所以，教学反思机制的作用效果，一方面使教师本人的教学实践得以改善，教学水平得以提升；另一方面使教师的专业素质获得提高[①]。在教学反思的过程中，教师担任了双重角色，既是引导者又是评论者，既是教育者又是受教育者。只有把教学与研究相结合，把教学与反思相结合，教师才能成为教学和教学研究的主人，才能提高教学工作的自主性和目的性，同时还可以帮助教师在劳动中获得理性的升华和情感上的愉悦，提升自己精神境界和思维品位，从而获得对自身存在价值的认可，促进自身的专业发展。[②]

四、教学型大学教师专业发展的反思策略

（一）学校应努力构建有利于教师开展教学反思的环境

教学反思是教学型大学教师专业发展的有效途径，其可以分为个体反思和集体反思两种。如果只是教师个体单独进行反思，那这样的反思具有一定的封闭性和局限性，容易使教学反思走向肤浅化、局限化；集体反思能够促进教师个体和同事之间的协作，通过教师持续地、有意识地通过观察自己和同伴的课堂语言教学行为来验证自己的教学理念，并就实践问题进行讨论研究，促进共同提高，是一种更为有效的互动式反思活动。

实际上，自著名的美国教育心理学家波斯纳在 1989 年提出"成长＝经验＋反思"这一教师成长公式以来，强调教师间的"协作"和"反思"的重要性就日趋成为国际教育界特别是欧美发达国家教育界的一种热潮。教师通过协作能够相互切磋、相互启发，通过反思自身的教学实践能够检验、修正自己的教学实践，这样既能促进自身的发展，又能提高教学能力。美国的贝利等在其著作《追求专业化发展：以自己为资源》一书中指出，教师要克服教学环境中的负面影响，克服教学的孤立感，通过加强协作性的反思，促进自身专业成长。诚然，教师工作具有较强的独立性，因为教学工作的性质决定

---

① 黄怡然. 教学反思与教师专业发展 [D]. 福州：福建师范大学，2010：21.
② 石巧君. 教学学术型教师的成长路径研究 [J]. 现代企业教育，2011（01）.

了教师需要独立面对教材、课堂和学生。然而教师也需要和同事、学生分享和沟通，需要得到社会和领导的承认和认可，因此，教师发展需要在同事之间的交流和碰撞中得到鼓励和刺激，为自己的发展提供动力和新的思路。从教学学术的生成及运行机制来看，"观察同行评估""递交并进行同行评鉴"这两个重要的环节也指出了在教学学术的实践生成及理论生成层面上，与同行的协作都是不可或缺的。因此，教学型大学教师开展教学反思，需要学校构建一定的反思环境，广大教师通过个体反思和集体反思，逐渐进入终身合作学习的自觉境界。这不但可以促成教师合作文化和教师反思文化的生成，构建积极向上的"学习社区""学习共同体"，还可为教师专业能力的持续提升提供一个较之单个教师的努力更为可靠的基础[①]，这也是教学型大学教师专业发展的题中之意。

以下是教学型大学构建有利于反思教学环境的几个途径：

（1）建立科学民主的管理制度

这是教师反思文化形成的基本保障。教师反思来源于对教学实践的审查、理解与升华，这样的行为仅靠理智上的说服是远远不够的，必须建立相应的学校管理制度，将教师带入预设的情境，使他们必须依赖新情境而行动。基于反思的学校管理制度主要包括：学校要保证教师们有充分的反思时间；学校在招聘教师时要把反思创新能力作为主要的考核指标；学校要建立专门机构，随时抽查教师的反思日记，检查教师的反思情况，并督促教师把反思的结论及时应用于教学；学校还可以在二级学院（系）的教研活动中引入教学反思的机制；学校要建立广泛的民主参与制度，及时公开各种学校管理信息，让每一位教师都具有知情权，并真正参与到学校事务的管理中，使更多的优秀教师得以重用……[②]

（2）建立教学反思交流平台

教学反思的材料是多种多样的，有课堂实录、教后感、听课笔记……如果教师只停留于材料的记录，没有一个可供其讨论的平台，不仅容易产生反思的惰性，而且缺乏合作的媒介。因此有必要借助现代信息技术手段建立教学反思交流平台，这有助于教师产生合作动机，从而实现资料共享，并激发反思意识。

（3）形成合作的反思团队

一般而言，反思团队的组织形式主要有两种，即横向交流组织与纵向交

---

① 王建军. 课程变革与教师专业发展［M］. 成都：四川教育出版社，2004（4）.
② 王录梅. 专业发展视域下教师反思文化的建构［J］. 教学与管理（理论版），2015（5）.

流组织。横向交流组织是由资历、年龄、业务相仿的教师组成的交流组织。纵向交流组织通常是由"老—中—青""好—中—差"等不同级别的教师组成的交流组织。不同组织形式的团队给予教师的教学反思与专业成长是不同的，因此两种合作型的团队交叉进行，不仅有助于基于共同经验的反思，形成优势互补，而且有利于优秀经验的辐射，推动反思的深化。

（4）营造合作的反思氛围

学校的管理层通过非正式的谈话，打通交流的渠道，消除教师之间的孤立，倡导教师进行合作反思。教师作为反思的主体，要积极转换以往"被动"的角色，与管理者、合作者、学生及其他教师建立起相互信任的关系，这是合作取得成功的重要前提①。

（二）学校应积极开展教学改革，促进教师向反思型教师的转变

斯巴克斯·兰格（G. M. Sparks Langer）根据教师对教学事件的描述方式以及对事件做出解释的方法和准则，将教师的教学反思水平划分为不同层次。一是没有描述性的语言，对事件不会解释；二是用简单的话对教学事件进行描述；三是用教育学的术语给事件贴上标签；四是用传统的、具有个人偏好的语言对教学事件做出解释；五是用似乎合理的教育规律或理论进行解释；六是解释时考虑到各种背景因素；七是解释时考虑到道德、伦理和政治等方面的因素②。由此可见，教师的教学经验不同，反思的实质和内容也不同，教师的每一个阶段的进步都得益于对教学实践活动的反思。教学反思以教育教学理论为基础，以整个教学过程为依托，在教学过程中教师不断发现问题、出现困惑、产生疑问，进而运用理论和自己的经验去解决问题。

因此，要提高教学型大学教师的教学反思水平，使教师成为一个真正的反思型教师，一方面需要教师不断加强教育教学理论学习，提高自身教育理论素养；另一方面需要学校有意识地引导教师积极开展反思性教学实践，在教学实践中激发教师对教学问题的敏感意识和对教学活动进行分析研究的兴趣，不断积累和丰富教学经验，在解决教学问题的过程中，促进教师教学反思水平的提升。为了达到这个目的，学校应积极开展教育教学改革，突破常规性的教学模式和教学思路，将教师从常规性的教学行为中解放出来，突破各种固有的条条框框，允许并鼓励教师以目标为导向，去思考、设计和实践教学活动。同时，鼓励教师将教育教学改革的成果通过各种形式予以呈现，

①　侯素雯. 基于教师专业发展的教学反思研究［J］. 当代教育科学，2014（18）.

②　刘加霞，申继亮. 国外教学反思内涵研究述评［J］. 比较教育研究，2003（10）.

这样，教师教学反思水平的提高不再需要通过大量的个人试误来实现，而是可以通过学术成果的传递，把教学实践中的中心问题进行系统研究，将结果公开、交流，并接受同行的评价，让同行进行建构，随着反思型教学实践活动的不断推进和教学学术活动的普及，从而让更多的教师成长为教学专家。特别是对于教学型大学而言，教学学术的提升是教师专业发展的主要目标，更要加大对教学改革的重视力度，将教育教学研究提升到与科学研究同等重要的地位，通过鼓励支持教研课题等形式，促进教师积极开展教育教学改革和教学反思，在提升教学质量的同时，促进教师的专业发展。

（三）学校应积极改革教学评价手段，激发教师教学反思的活力

传统教学评价注重教师教学过程中的教学组织形式、教学过程的阶段以及教学技能和技巧等教学外在形式，忽视对隐性的和实质的教学结果的评判。外在的教学技术性评价标准，无形中会引导教师遵循教学常规，循规蹈矩，按部就班，忽视对教学目标、教学对象以及教学行为的后果的反思。这是目前很多大学包括教学型大学教学评价中存在的突出问题。

美国学者瓦利（Vall L.）指出，要培养教师的反思能力，必须明确反思的两个维度：一是社会学的维度，即反思的内容和范围；二是心理学的维度，即反思的质量。反思的内容和范围是指教师所考虑的东西；反思的质量是指教师如何思考他们的教学，即他们所经历的思维过程。反思的这两个维度可以被用来确定和判断什么是优秀教学。但这仅仅是评判标准的范畴，促进教学型大学教师开展反思性教学离不开行之有效的教师评价机制。必须承认，如果没有某种评价机制，而采取一种放任自流的态度，很少会有人主动反思，因为反思在一定程度上是一种自我否定、自我批判、自我揭短的行为，所以有必要建立一种发展性的教师评价制度，用来规范、约束和激励教师的反思行为[①]。基于反思的发展性，教师评价制度主要包括：学校应当把教师反思纳入教师考核内容中，把教师是否真正反思和反思的效果作为重要的考核指标；对于那些敢于探究、敢于创新的教师予以不同程度的奖励或机会；把同行教师的互评互听行为作为评定先进教研组的指标之一；建立教师成长档案袋，帮助教师明确发展的阶段和反思的内容。在这方面，美国大学的做法值得借鉴。美国大学采取教师教学学术档案袋评价，依据目标明确、准备充分、方法恰当、有效表达、结果显著和批判反思的标准，跟踪评价大学教师的教学

---

① 李建芹. 基于教学学术取向的高校反思型教师的培养［J］. 教育探索，2015（03）.

过程。尤其是其中的结果评价和批判性反思既是教学学术评价的标准，更是教学学术反思评价的核心内容，它明显区别于传统的教学技术性评价。其中，结果取向的教学评价能使教师打破传统教学观念的禁锢，不断设计和更新教学，追求教学过程和结果的优化。而批判性反思的"前提反思、内容反思、过程反思"三个层次既为教学学术评价提供了评价标准，也为进行教学反思实践提供了依据，是开展教学反思的有效形式[①]。

五、教学反思的局限性及知识共享策略

（一）教学反思的局限性

长期以来，教学反思常常被认为是高校教师教学学术水平提升及其专业发展的重要的方式。利伯曼指出，"有效的教师专业发展建立在需求、反思和参与者需求驱使的尝试上"。曼拉夫林也认为，"教师专业发展的机会在于对教育教学实践、教学内容和教育理论的批判性反思"。教学反思是高校教师在教学过程中，通过回顾、感悟、监控与分析等方式，肯定或否定教学经验与观念的一种积极的心理过程。在教学反思中，高校教师可以及时发现教学的优点与不足，有效总结经验，提高教育效率。但是，单纯的教学反思具有一定的局限性，无法为教师的专业成长提供全部的经验性支撑。教学反思的局限性主要表现为封闭性、知识的制约和随意性。首先，教师常常将反思看作个人的事情，不愿意同他人分享。这种封闭性增加了经验积累的难度。封闭性导致教师在反思的过程中完全依靠自身的力量，忽视了他人的协助。受制于个人能力与知识水平，完全依靠个人能力并不能解决反思过程中的一切任务，这一情况在遇到复杂的教学情境的时候更为明显。同时，反思的封闭性还影响了经验与积累的数量。教师个人参与的教学活动数量是一定的，依据反思这些活动获得的经验也必然是有限的。在很多情况下，单靠反思获得的经验无法满足实际教学工作的需要，会对教师的教学学术水平的提升产生一定的负面影响。其次，教学反思具有一定的知识制约性。教学反思的成功进行需要以一定的知识与经验为支撑。一些教师有时候由于知识水平的影响，并不能有效通过反思获得教学学术水平提升所需的经验，甚至一些教师进行了错误的反思。这非但无法使反思达到预期的效果，反而对教师进行错误的指导。再次，教学反思具有一定的随意性。在当前高校中，一些教师不认真对

---

① 谭靖. 中国高校教师教学学术水平机制研究［J］. 时代教育，2014（14）.

待教学反思，将其看作学校强制给自己的额外任务。在进行教学反思的时候，这些教师采取了敷衍的态度，直接从网上下载相关的反思报告。这种反思的随意性无疑使教师丧失了一次自我审视的机会，影响了他们教学学术水平的提高。知识共享为教师教学学术水平的提升提供了新的视角，有助于教师建构完善的经验与知识体系。因此，高校教师在提高教学学术水平过程中，既要关注经验，重视反思，又需要超越经验，同其他教师进行知识共享。

（二）知识共享对大学教师教学学术水平提升的价值

知识共享的理念始于企业界。一些企业管理者在研究中发现，知识共享能够促进不同员工之间的沟通与交流，帮助新员工更好地适应企业的文化与工作，是优化企业管理的一种重要策略。随着知识共享理念的发展，这一理念得到了更为广泛的应用，突破了企业的范围，在教育管理领域得到了实践。知识共享倡导个体持开放与分享的知识观，同组织中的其他个体形成积极、主动的互动，从而推动组织整体知识水平的提高。这一理念的应用在推动高校教师教学学术水平提升方面具有积极的借鉴价值。

1. 知识共享扩大了经验的来源渠道

每一名高校教师科研与教学的实践次数是有限的，这便限制了经验的来源，使得教师的经验积累失去充足的依据。在当前的高校中，每一名教师受制于个人的精力与学校的课程安排，只能参与一定数量的教学活动。同时，每一名教师参与科研活动的次数也会受到个人能力与时间的限制，这必然导致教师无法完全依靠个人体验获得实现自我发展的全部经验。即使这一情况成为可能，教师也需要为此付出巨大的时间与精力。但是这将给教师的生活与工作带来压力与影响。为此，教师应该超越经验，重视知识共享，善于从其他教师实践中获得专业发展方面的经验与教训。在知识共享的环境下，每一名教师可以充分了解其他教师的工作体验，并将其融入自身的知识体系之中，实现自我教学学术水平的提升。由于能够有效地从其他教师处获得相关的经验与教训，教师可以在教学学术水平提升的道路上少走弯路。

2. 知识共享整合了教师的优势

在教学学术水平提升过程中，教师必然需要应对一定的困难。有的困难难度较低，依靠个人的力量可以解决，有的困难则难度较高，单靠个人的力量无法完成。在传统的教师成长模式中，教师需要单独应对科研与教学中的难题，完全依靠自身的力量去解决各种难题。一旦无法完成相应的难题，个人的专业发展容易遇到瓶颈。这凸显了单靠个人经验积累实现自我专业发展的不足。在这一情况下，知识共享为教师的专业发展提供了新的思路，能够有效整合教师的优势。教师通过知识共享，能够获得其他教师的体验和积累的知识，为自己所用，将他人的知识迁移到自身的发展领域，实现专业水平的提升。为此，知识共享能够整合教师的优势，为个体解决专业发展中的难题提供更为正确与科学的方向与思路。

3. 知识共享增强了组织成员之间的信任感

专业的发展不仅依靠个人的知识与能力，而且需要团队的合作。个体在发展的过程中，不可避免地需要同他人合作。合作的前提是信任。可是，高校激烈的竞争环境容易导致个体对其他成员缺乏信任，不愿意同他人合作。这种组织氛围有悖于团队精神，严重降低了团队的凝聚力，给组织与个人的发展带来不利的影响。这迫切需要学校采取有效的措施，强化个体之间的联系。知识共享则为团体意识的培养提供了良好的条件。个体在共享的氛围下，容易从他人处获得专业发展所需要的经验与技巧，并将自身的经验介绍给其他人。这种良性的沟通与交流在推动个体专业发展的同时，增强了个体对组织其他成员的信任，实现了学校团队凝聚力的显著提高。

（三）知识共享视角下大学教师教学学术水平提升策略

1. 知识共享的制约因素

知识共享对大学教师教学学术水平提升的积极意义毋庸置疑。可是，知识共享的理念在高校的执行并不理想。一些高校管理者并没有意识到这一理念的重要价值，即使一些管理者虽然已经意识到它的巨大效用，也受制于各种因素而无法使其发挥最大的作用。这些因素中有个人方面的原因，也有组织方面的根源。

（1）人类自我保护的天性

每个个体具有保护自我的天性。绝大部分的大学教师都认可知识共享的重要价值，但在现实的专业发展实践中很少践行这一理念。出现这一现象的一个重要原因在于个体的自我保护的天性。当前，高校教师之间存在一定的竞争，这种竞争的氛围与环境导致不少教师有意识或无意识地希望保持自己在专业发展中的优势，不愿意其他教师获得发展。为此，一些教师在工作中具有"教会徒弟，饿死师傅"的利己主义思想，不愿意同他人进行合作与分享。一些教师虽然倡导知识共享，但是其目的在于希望从他人身上获得更好的发展经验，而不愿意向其他人介绍自己的经验。他们期望通过这种"此消彼长"的方式来保持自身在团队中的专业优势地位。但是，这种基于自我保护特性的共享行为，其本质在于重收获而轻分享，重权利而轻义务。这必然导致知识共享的失败。因为知识共享必须建立在信任与互惠的基础之上，方能为共享教师的专业发展提供持续性的机会①。

为此，知识共享制度的建立必须坚持以互利互惠为核心，平衡好个体的权利与义务，方能为教师的专业发展提供连续性的强大动力。

（2）缄默知识的内隐性

知识共享的内容不仅包括外显知识，而且包括缄默知识，后者是知识共享的重点②。

缄默知识与显性知识相对，指的是个体知道而难以表达的知识。例如，一个专家型的教师虽然意识到自身具有丰富的教学技能，却很难具体说出这些技能到底是什么。波兰尼认为导致专家型教师与新手型教师差异的重要因素在于缄默知识差别。为此，缄默知识常常成为分享的重点内容，也是新教师渴望了解的内容。但是，同外显知识相比，缄默知识具有强烈的内隐性，不容易被人们识别与意识。这便给知识共享的开展带来一定的困难。一些教师不是不愿意分享，而是不知道如何表述自己在科研与教学方面的缄默知识。而且，由于缄默知识的内隐性，一些参与分享的教师因缺乏介绍者的知识背景和生活经历，有时候并不能完全正确了解与认识分享的缄默知识。知识的误解甚至是错解势必给教师教学学术水平的提升带来不利的影响。

（3）恶性的竞争环境

大学教师不愿意进行知识分享的一个重要原因在于恶性的竞争环境。良性的竞争环境能够给教师一定的压力，为其专业发展带来强大的动力。可是，一些高校在管理过程中，非但没有重视良性竞争氛围的营造，反而促成恶性竞争环境形成。在恶性竞争环境中，教师重视的是自己的利益与前途，希望在实现自我发展的同时，不愿意见到其他教师的进步。这种思维导致其对知识共享具有一种排斥感，不希望将自己的经验与技巧同其他教师一起分享。一些教师甚至基于知识共享推动其他教师专业发展的担心，对这一理念进行诋毁与破坏。这些行为都将使知识共享无法发挥其应有的作用。为此，知识共享理念的成功推行一定需要以良性的竞争环境为依托，如何营造良好的工作环境便成为实现教师专业发展的核心和关键。

（4）科层制的组织架构

知识共享的开展还需要以健全的组织结构为基础。可是，我国目前大部分高校采取的科层制组织结构为知识共享的实现带来一定的困难。在科层制

---

① 邓志伟. 知识分享与教师专业发展 [J]. 教育科学，2006，（4）：47-50.

② 周成海，孙启林. 教师知识分享意愿低落的成因与应对 [J]. 教育发展研究，2006（10）：31-35.

的组织框架内，每个成员的权利与责任都有其明确的规定，而且下级需要严格服从上级的指挥。这种等级严明的组织结构既有悖于大学的自由精神，又违反了知识共享的平等原则。知识共享要求每个成员之间具有平等的地位，彼此之间可以自由表达自己的观念与看法。可见，科层制强调的下级服从上级的要求同知识共享的平等原则是相互冲突的。建立在科层制基础之上的知识共享机制容易导致两种结果。一种是下级成员由于畏惧上级领导的权威，不敢对其提出的观点与看法表示质疑。这将导致上级领导错失了利用共享纠正自己错误的机会。另一种是下级成员往往在上级观念的框架内表达自己的想法，这种情况下发表的观点注定是不全面的，甚至是失真的。因此，知识共享的成功实践要求高校管理者应该改革现有的组织结构，为共享的开展提供制度性的支撑。

2. 知识共享视角下大学教师教学学术水平提升策略

知识共享能够实现教师经验与优势的高效整合，为教师个体解决教学学术水平提升过程中的难题提供丰富的知识支撑与强大的精神动力。但是，出于各方面的原因，知识共享在管理实践中的价值并没有得到很好的彰显。这迫切要求高校管理者根据知识共享的理念，有针对性地对管理措施进行完善，从而为教师教学学术水平的提升提供更为有利的条件与机会。

（1）营造以共享为核心的校园文化

组织与个体的行为不可避免地受到团体的文化生态的影响，良好的文化生态可以推动个体与组织的发展，而不良的文化生态则对个体和组织的发展起阻碍作用。作为高校重要的管理实践措施——知识共享，其效果也必然会受到校园文化的影响。在过于强调竞争的校园文化中，教师与教师之间恶性竞争，互相保留自己的知识与经验，教师的专业发展完全依靠自己的经验积累与反思[①]。这显然无助于教师依靠团队实现自我成长。为此，高校管理者应该营造以共享为核心的校园文化，为教师的发展创造良好的环境。

共享的校园文化的形成有赖于处理好竞争与合作的关系。在一个只强调竞争的校园之中，共享是难以实现的。共享的实现有赖于教师之间密切的合作。为此，校园文化的构建应该实现竞争与合作的均衡，倡导良性的竞争。学校可以对合作的意义进行宣传，让教师意识到合作在自身专业发展中的重要价值。伴随着合作意识的提高，教师在发展中具有更强烈的共享动机，更愿意同其他教师分享自己在科研与教学中的经验与教训。另外，共享校园文

---

① 肇洋. 高校教师隐性知识共享策略研究 [J]. 宁波广播电视大学学报，2007 (1)：92-94.

化的形成还可以通过增强教师的信任来实现。没有信任便没有共享，信任是共享的前提和基础①。学校可以开展活动来提升教师间的信任度。学校还可以定期开展以增强信任为目的的拓展训练，让教师在训练中感受信任的价值与意识。这能够消除教师彼此间的隔阂，为知识共享的实现奠定良好的心理前提。

（2）打造以互惠为原则的学习共同体

学习共同体指的是组织中的个体通过相互的学习、交流与探究，共同完成某项任务的一种学习形式②。学习共同体倡导个体通过相互间良好的知识活动，实现自我知识水平的上升。这同知识共享具有很大的相似性。为此，高校管理者可以将学习共同体的理念迁移到管理之中，保证知识共享的顺利开展。教师在学习共同体中，可以同其他成员就完成某项学习任务或者开展某项科研工作而开展合作。合作既是教师共同努力的过程，也是经验共享的过程。合作为教师的经验交流提供了良好的机会，增强了知识共享的可能性。

在学习共同体的建设中，互惠原则应该得到充分的重视。重视人情的回报为人际交往行为的重要特征③。不少个体希望在人际交往中能够在付出后得到回报。为此，单向的知识传授无法长时间维持个体强烈的知识共享动机，长久的知识共享机制应该建立在互惠的原则之上。每个个体在介绍自身的经验之后，应该能够从其他个体中获得相应的经验"回报"。为此，学习共同体的建立应该符合互惠原则，从而激发与维持个体强烈的分享动机。

（3）设置扁平化的组织结构

科层制的组织架构强化了不同个体间的等级观念，给知识共享的实践带来一定的障碍。为此，知识共享效能的发挥有赖于有效民主的组织架构。同科层制的相比，网络化的组织架构在知识共享中具有更大的优势④。网络化的组织架构模糊了阶层的概念，为组织成员自由主动发表自己的观念与看法提供了组织上的机会。在这一结构之下，级别上的差异缩小了，每个成员具有平等的地位。这有助于实现工作关系从"上下级的同事"向"平行的伙伴"的积极转变。另外，网络化的组织架构增加了团体成员间的交流机会，提高了知识共享的可能性。在科层制组织管理模式下，不同部门之间的交流比较少，同一部门上下级的联系比较多，沟通主要呈线状。相反，网络化的组织

---

① 周成海. 教师知识分享：困境与出路 [J]. 中国教育学刊, 2006 (11)：63-66.
② 钟志贤. 知识建构、学习共同体与互动概念的理解 [J]. 电化教育研究, 2005 (11)：20-24.
③ 黄光国. 儒家关系主义 [M]. 北京：北京大学出版社, 2006：7-10.
④ 周成海. 教师知识分享：困境与出路 [J]. 中国教育学刊, 2006 (11)：63-66.

架构打破了部门的界限，实现了不同个体之间的沟通与交流，沟通呈现的是网状。这便增加了个体之间交流的机会，为知识共享的开展创造了良好的环境。

因此，高校管理者为提升知识共享的价值，可以改革现有的组织架构，构建网状的组织结构。网络组织结构虽然淡化了部门与等级的概念，但是并不意味着否定领导者的作用。网络化的组织结构为了整合团队内的资源，保证知识共享有序高效实现，需要一定的领导者。高校可以设立首席知识官，以便对知识管理的过程进行优化与协调。但是，首席知识官有别于传统的管理者，其同其他成员的关系不是传统的领导与被领导的关系，而是组织与协助的关系。另外，首席知识官需要在专业领域具有自己的特长与丰富的知识，站在更高的角度对专业领域进行审视，并指引其他教师，尤其是新教师，更好地从知识共享中获益，推动其专业发展水平的提高。

（4）建设丰富的共享知识库

知识共享的实现不仅需要良好的个人素质与完善的组织体系，也需要丰富的知识素材。知识是知识共享活动的对象与内容，其丰富性直接影响到知识共享的效果。丰富的知识库能够为知识共享提供丰富的素材，为活动的开展提供良好的内容前提。贫乏的知识库则容易导致共享资源的匮乏，不利于教师对前人的知识与体验进行借鉴。可见，建设丰富的共享知识库对知识共享具有重要的价值。知识库的建设需要教师的积极配合。每一名教师可以定期根据自己的科研与教学工作中的体验与感悟，形成文字材料，提交给学校，以作为知识库的材料。但是，并不是每种体验与感悟都对教师的专业发展有益。这需要学校组织相关领域的专家教师，对提交的材料进行审核，对其进行去伪存真和去粗取精的加工，严把材料的质量关，避免对借鉴者产生误导。在此基础上，学校可以按照学科性质对内容进行整合与分类，以方便教师参考与学习。

（5）构建基于网络技术的共享平台

网络技术深刻改变了人类的生活，也对教师的专业发展产生了巨大的影响。知识共享的实现离不开对网络技术的便捷性与高效性的使用，学校应该根据网络特点，建立共享平台，提升知识共享的效率。目前，博客作为网络时代的产物，已为人们所接受，并在生活与工作中得到普遍使用。它可以应用于知识共享之中，促成网络共享平台的形成①。教师可以将自己在工作中的

---

① 　肇洋. 高校教师隐性知识共享策略研究 [J]. 宁波广播电视大学学报，2007（1）：92-94.

心得与体会，写成博客，供其他教师学习与评价。博客的撰写过程便是一个知识外显化的过程，有助于个体经验的系统化与合理化。同时，个体经验能够借助博客传播速度快和阅读便捷的特点，为其他人所了解和评价。评价的内容反过来也为教师提供了一次审视自身经验与技巧的机会。而且由于这次评价为外部评价，能够以更为客观的角度对经验与技巧进行呈现，其对撰写教师具有更高的反思价值和更大的启示意义。另外，学校还可以开设网络论坛，实现知识共享与网络技术的相互结合。学校可以借助网络论坛，要求教师就某个分享的话题进行匿名讨论。每一名教师在匿名的情况下，减少了人际冲突方面的顾虑，更敢于和乐于发表自己真实的看法，这无疑增强了知识分享的开放性与真实性。

六、个案研究：超越经验——高师院校教师在反思中成长

如果说教学型大学是我国高等教育金字塔体系中的基石，那么高等师范院校就是这块基石中的璞玉，因为高等师范院校培养的是未来的教师，其教学质量直接影响到我国未来基础教育师资队伍的素质，进而决定了基础教育教学质量。因此，高等师范院校教师的教学学术水平尤为重要。韩山师范学院作为全国第一批、广东省第一所专门培养师资的学校，在长期的实践过程中，建构了通过反思促进教师教学学术能力提升的新模式，具体内容包括"一个理念"＋"一个合作平台"＋"一个评课模式"＋"四面反思镜子"＋"一个指导"＋"一个习惯"。

（一）理念：高师院校教师成长的引领

现代教育所面临的最大挑战不是技术，不是资源，而是教育者的理念。教育理念正确与否是教师是否成熟的重要标志。有什么样的教育理念就会有什么样的教学行为，正确的理念导致正确的行为，错误的理念导致错误的行为。因此，用什么样的理念引领教师成长是首先要解决的问题。作为高等师范院校的教师，应该以"熟悉基础教育、研究基础教育、服务基础教育、引领基础教育"为发展导向，以合作为发展平台，强化教学反思，贯彻从理论型、经验型向研究型教师转变的教师成长理念。其中的核心和纽带是反思。在过去的几十年间，世界各国在探求有效的教师成长模式过程中，"注重教师自身的反思性发展是其鲜明的特色，并由于其独特优势而备受推崇"，"反思

被广泛地看作教师职业发展的决定性因素"[①]。

教师通过对自己教学实践的考察，立足于对自己教学行为表现及其行为之依据的回顾、诊断、自我监控和自我调适，达到对落后理念、不良行为、策略的优化和改善，达到提高自己教学能力和教学水平的目的，从而适应不断发展变化着的教育要求。因此，反思意识和反思能力是教师职业成熟的重要标准。美国《教师专业化标准大纲》明确赋予了教师"反思型实践者"的角色，并将教师的反思能力作为其专业化发展的重要目标[②]。

美国心理学家波斯纳提出了教师成长公式：成长＝经验＋反思。可见，教学反思对教师职业成长的影响作用是巨大的。

（二）平台：与中小学建立合作共同体

高师院校和中小学共建合作平台，应该成为高师院校教师成长的必然选择。我校的实践主要通过两个平台来开展：教师专业发展学校和基础教育学科群。

1. 教师专业发展学校（简称 PDS）

这是 20 世纪 80 年代中后期在美国形成的一种新型教师教育机制，它是以中小学为基地，由高等师范院校和中小学合作构建的，旨在促进教师专业发展的互助合作、互惠共赢的教学研究共同体。大学教师、中小学教师和教师教育专业的学生一同组成这一学习共同体，通过开展教学改革研究、专题讨论、理论培训、听课评课等活动促进职前教师培养水平和在职教师专业水平的提高。学校借鉴美国教师专业发展学校（PDS）的建设理念，以及国内知名高校建设 PDS 的成功经验，对 PDS 进行本土化，推广 PDS 建设，通过构建"高校与中小学幼儿园"之间双主体的协同关系，使 PDS 成为教师职前培养和职后培训的专业发展共同体。

在教师专业发展学校开展的合作包括：

第一，发挥优势，指导中小学教育教学工作；

第二，走进中小学课堂，开展教学研讨；

第三，指导中小学教育科学研究；

第四，参与中小学教师继续教育和校本培训工作，等等。

在新的一轮中小学课程改革过程中，高师院校教师和中小学教师一样，都是一个重新学习的过程。在与中小学合作的平台上，高师院校教师既是学

习者又是指导者。

2. 基础教育学科群

它是教师专业发展共同体，由我校以及区域教育局教研室共同组织管理，是一个集中小学各学科专任教师开展学科教学研究、学科教学交流、学科教学成果展示和推广的平台。目前已在语文、数学、英语等 12 个学科建群，建立了"教育顾问指导，首席专家引领，名师工作室主持人带动，骨干教师参与，师范生学习"的贯串教师教育职前与职后、联结学科不同层次教师的教师发展共同体。学科群成立以来，开展了"名师工作坊""名师进校园教育大讲坛"等品牌活动，不仅进行跨区域交流，而且与珠三角乃至省外名师工作室协作，将学科群活动推向教育发达地区，开阔教师的视野。通过学科群活动，促进区域教师间的交流、互促共进。

通过以上平台开展合作，双方的科研能力、教学改革和人才培养都迈上一个新阶梯。客观地讲，通过合作，高师院校的教师形成了"熟悉基础教育、研究基础教育、服务基础教育、引领基础教育"的发展导向，实现了从理论型、经验型向研究型教师的转变，实现了双赢的教师发展战略。具体表现为：

第一，高师院校教师置身于问题情境中，压力转为动力。将自己定位为中小学教师们的教师、专家、学者时，更加大了不断提升自我的压力，这是高师院校教师成长的内动力。

第二，高师院校教师通过与中小学的合作，增强了反思意识，丰富了反思内容，拓宽了反思视角，提高了反思能力。教师在对自己学习和教学经历的反思中获得实践性知识，并形成新的教育理念，也促使教师不断更新教育教学理念与策略，并全面充实自己的知识结构，以便有效地解决教育教学中的问题。

第三，促进高师院校教师从理论型、经验型向研究型转变。教师成为研究者是教师成长的一种有效策略。高师院校教师把中小学的鲜活、生动的教育教学案例带进课堂，使其教学内容更富有吸引力和说服力；高师院校教师就中小学实践中的问题进行探索，其研究成果更富有针对性和适切性。成为研究型教师的最大特点是不断提升自身的科研能力。在与中小学合作的过程中，教育教学工作的实践变成了研究的对象，教师们逐渐开始以研究的态度和方式对待教育教学的日常工作。特别是在参与初中教师继续教育的培训工作中，很多教师从中捕捉到很好的科研课题，这些科研课题具有很高的科研价值。

高师院校与中小学合作的成效说明，高师院校与中小学合作是一条促进高师院校教师成长的有效之路。

（三）基础：构建促进教师成长的评课模式

课堂教学是教师最基本的专业活动方式，听课、评课、议课是教师必备的基本功，是促进教师成长的重要途径。高师院校教师通过不断参与基于教学实践的校本研讨，借助课堂教学的实践，学习并获得全新的教学和评价理念，使自己成为学习者、指导者和研究者。在具体的实践过程中，构建并尝试实施"以反思为理念、以教师成长为目标"的新的评课模式，并不断进行改革完善。这种模式的具体流程为：授课教师的课后说课—听课教师质疑—授课教师释疑—教师共同寻因—教师共同寻找解决问题的策略。这一过程不但可以帮助被评课者发现问题，意识到问题产生的原因，进而实现解决问题的目的，对于评课者也是一次学习的过程，最终实现共同提高的目的。通过这种模式进行评课（也是教师间新的合作模式），既减少了教师的职业孤独感，又实现了教师从"听课、评课"到"观课、议课"的角色转换，同时营造了一个良好的系内教学研讨文化氛围。这既是促进教师成长的评课模式，也是一次非常深入的教学研讨活动，为教学研讨活动开辟了新的途径。

（四）途径：发挥"四面镜子"的作用，培养教师的反思能力

1. 以中小学教师、教学管理者为镜

高师院校和中小学共建合作平台，对高师院校教师来说最大的挑战是如何解决理论与实践相结合的问题。来自合作单位的中小学教师、教学管理者将考验着高师院校教师的教育教学理念。置身于问题情境中，才能引发我们思考，并寻求解决问题的办法。

2. 以高师生为镜

教师工作的着眼点和落脚点都体现在学生的发展上，因此学生的反馈意见应该成为教师反思自己的一面镜子。以学生为镜，充分吸纳学生的反馈信息对于调整和改进教师的教学行为，不断提高教育教学效果，具有特殊的意义。我们的具体做法是：变量化评价为质性评价，强化质性评价对教师成长的作用。即每学期都要求学生为各位任课教师不记名地写出综合评价。在综合评价过程中，要求全面评价教师，并强化问题，在可能的情况下，尽量帮助教师找到解决问题的方法。学生中肯的意见和建议是帮助教师发现和检查自身教学中不足的直接有效途径。所以，这种质性评价方式对于教师的教学行为起到评判、监督的作用，从而激发教师进行自我反思。

3. 以教师自我为镜

以教师自我为镜是教师对自己进行批判性反思的过程，是自我提高的过

程。人本主义心理学家马斯洛曾经说过："人都有自我发挥和完成的欲望，使自己的潜能得以实现、保持和增强。"来自内在动力的激励作用要远远大于外部约束的激励作用。教师经过不断自我剖析、自我诊断、自我调整，不断改进自己的工作并形成理性认识，最终得以自我提高，这种不间断的自我剖析活动，就是教师自我发展、自我实现的过程，随着这种活动的不断成功，教师的自信心和自尊心也就随之加强。这将成为教师进一步完善自己和提高自己工作水平的强大动力[①]。同时，我们应该充分认识到，教师是专业工作者，是受过高等教育的人，教师完全有能力对自己的教学行为加以反思、调整或改进。自我解剖是痛苦的，特别是找出自己问题的过程更是难堪的，因此应该创设良好的氛围，提供更多的心理支持，鼓励教师自我剖析。通过自我剖析，一旦找到了问题，特别是找到了解决问题的突破口，就会获得不断前进的动力，也会带来主体精神的享受。

我们借助教育技术手段，为每一位教师随机拍摄课堂教学实录。课堂教学实录能真实地记录和反复再现教学活动的过程，为教师提供一个反复观察和对比整个教学过程的机会和深入思考的空间。让每一位教师通过评价自我的教学实践录像进行反思，从而切实提高自我教学技能。实践证明，以自我为镜，对于教师不断修正自我、完善自我起到了内在动力作用。

4. 以同行和专家为镜

首先，认真做到经常性地进行学习性听课，特别是听优秀教师的授课过程。通过对照反思，及时发现自己教学中的问题。同时要善于吸取他人的成功经验。其次，虚心听取同行教师或听课专家的反馈意见。教师虽然经历了自我剖析的过程，但常常因为"身在此山中"而"不识庐山真面目"。这时同行教师或听课专家的意见就会起到很好的指导作用。若想使评课真正起到促进教师成长的作用，关键在于转变观念，正确认识评课的目的——帮助教师发现并解决问题，提高教师的教学水平。[②]

（五）核心：反思指导

罗琴等将教师专业发展期划分为适应期、发展期、成熟期和持续发展期四个阶段，并从各个阶段不同的教学需要和特点论及教师专业发展各阶段教

---

① 洪继辉，张静萍. 新课程实施中教学反思能力与教师专业发展 [J]. 中学文科（教研版），2008（1）.

② 洪继辉，张静萍. 新课程实施中教学反思能力与教师专业发展 [J]. 中学文科（教研版），2008（1）.

学反思的内容和策略①。为此，在教学研讨活动中针对不同发展阶段教师的反思内容及策略给予个性化的指导。

1. 通过创设展示和提升教学水平的观摩和听评课的条件，让处于适应期的新手教师完成角色和技能的转换，以胜任教学工作。

2. 鼓励教师参与教学改革研究，让处于发展期的教师将反思重点放在知识体系的完善与教学效能感的提升上。

3. 搭建合作与展示平台，让处于成熟期的教师在其职业生涯中发展新的成就动机，获得新的动力，以推动他们积极工作，将教学反思重点放在如何克服职业倦怠和如何提高和实现教育理想上。

4. 创设更多交流和培训的机会，促进教师的可持续发展。让老教师继续重视科研能力的提高，不断学习，不断更新知识结构，成为终身学习者，才能不断地提升教育教学能力和其他相关能力。

（六）保证：养成写教学后记的习惯

教学后记是课堂教学的延伸，是教学过程的必要环节。它既是一种特殊的备课形式，又是对课堂教学过程的全面反思过程；它不但有利于改进、优化教学工作，提高教学水平，还有利于强化教师的教研意识。写教学后记时，应该根据实际情况，注意两方面问题。一是在内容上有所侧重。一般来讲，其内容包括实际教学效果与教学设计之间的差距，教学内容的调整、补充是否合理，教法的成功之处与存在的问题，教学理念是否出现偏差，外显行为是否有利于良好课堂气氛的创设，等等。无论记载什么内容，必须抓住自己感受、领悟最深的东西。或是成功之处，或是失败之处；或是教学中的困惑，或是教学中的疑难等。通过对课堂教学过程的认真反思，就会将真切、丰富的教学体验和冷静的教学理性思考有机结合起来，从而把反思提高到更高的理性层面上。二是在方法上不拘一格，但无论采用何种方法，都必须遵守如下原则。第一，及时性。教师在教学过程中的具体感悟，往往很难长久地保持在记忆库中，特别是灵感性的东西往往转瞬即逝，因此，课后要及时做好记录。第二，真实性。教学后记贵在求真，贵在一分为二，要做到所述之事真实，剖析问题一针见血，分析教学实事求是，切不可为了应付检查而自欺欺人。第三，服务性。做教学后记的目的就是通过对教学过程的全面反思，查找差距，提出改进意见，不断地提高教学效果。因此，无论怎样写、写什

---

① 罗琴，廖诗艳. 教师专业发展的阶段性：教学反思角度［J］. 现代教育科学，2005（2）：17-19.

么，都应该有利于新一轮的教学过程。教学后记即是上一轮教学过程的延续，又是新一轮教学过程的高质量准备。

第四节　生态取向的发展策略

随着研究和实践的深入，人们越来越认识到，大学教师的学术发展，是一项复杂而庞大的系统工程。从生态学的角度看，其本身就是一个完整的学术生态。构建科学合理的教学型大学教师学术生态，是提高大学教师教学学术、促进教师专业发展的可持续路径。

一、学术生态的概念

关于学术生态的概念，不同学者从不同的研究范围和角度进行了不同的界定。概括而言，学术生态是指学术与学术、学术与其环境之间相互作用而形成的复杂统一体。学术生态系统的机理与生物生态系统极其相似，"学术生态"是"学术生态系统"的简称，在这里，学术包括学术人及学术对象（主要是学科及技术）和方法，这是学术生态的主体。其中，学术人主要指学术研究与创造者、传承者、应用与推广者，乃至学术管理者。除此之外，对学术生态主体有影响且又不可分割的周围外界（物质、精神、文化与制度等）是学术的生态环境，它们之间的相互作用，形成了复合、多元的、具有自组织系统特性的整体，即学术生态。学术生态作为一种客观的现实存在，有自然和社会的双重属性，主要表现为遗传变异性、动态平衡性、整体关联性和生态能动性，学术生态所关注的就是"学术共同体、学术生态系统和学术整体"①。从研究教师学术生态的角度出发，学术生态可定义为："教师作为学术职业的从业人员，其所处的高等院校内部以及高等院校外部职业生存和职业发展的生态环境。"②

二、博耶的学术生态观——教学型大学学术生态构建的理论依据

20世纪90年代以来，针对美国高校定位趋同的问题，博耶提出了全新的大学学术生态观。博耶认为，高校定位趋同主要是学术生态失衡所致：一方面，"研究的使命，本来只对某些院校合适，却对所有高等学府投下了阴

---

①　刘贵华. 建设高品质的"学术生态"［J］. 大学·研究与评价，2008（7-8）.

②　耿益群. 自由与和谐：大学教师学术生态研究［M］. 北京：知识产权出版社，2011：4.

影——'伯克利'或'阿姆赫斯特'模式成为衡量所有高等教育机构的标尺"①。另一方面，几乎所有大学的薪酬奖励、终身职位的获取和晋升等都建立在对研究成果的评价上。在这种学术生态中，研究和教学对立起来。正如博耶所指出的："这种偏差在我们所使用的语言里也能看得出来：我们把研究看成'机会'（opportunity），而把教学看成'负担'（load）。"② 博耶认为，要从根本上解决这一问题，高等学校应该超越"教学科研孰轻孰重"这样俗套的、永无休止的争论，给予学术以更广阔和更富有内涵的解释。只有这样，才能使学术活动变得丰富，并且具有合法的基础。博耶在对美国高校的学术状况进行全面考察后，于1990年发表了题为《学术反思——教授工作的重点领域》的报告。在报告中，博耶提出了一种新的学术生态观，即大学学术不只意味着进行"研究"，它应该包括四个不同又相互联系的方面：探究的学术、整合的学术、应用的学术和教学的学术。

首先是探究的学术。探究是学术的本质。在学术界，最高的宗旨就是对知识的追求，就是探究的自由，并以专业的方式沿着自己的方向前进，而不管它导向何处。博耶认为，"对学术的探究乃是学术生命的心脏，当然处于研究工作的中心。"③ 高等学校必须始终坚持对知识创新和真理的不懈追求，这种追求燃起的激情为教师队伍带来了活力，使高等学校充满了生机。

其次是整合的学术。针对大学里系科分化，知识分解，学生与教师之间、学生生活与学术生活之间的分裂状态，大学应该把整合的学术摆在重要的地位。博耶认为，整合的学术就是"建立学科之间的联系，把专门知识放到更大的背景中去考察，用启发的方式解释数据，并常常教育非专业人员"④。当然，整合的学术同探究的学术是紧密联系在一起的，它要求在某一学科领域内已覆盖的边缘地带开始研究，并且"在重叠的临近地带"有所发现。这类工作越来越重要，因为传统的学科壁垒已经影响了知识领域的拓展。同时，整合的学术意味着鉴别或把别人的发现整合到更大的智力框架中去。

再次，为了避免理论和实践脱节，寻求把研究的理论与生活的现实联系起来的方法，大学还应当支持应用的学术。博耶认为，当今世界尤其需要将

① 耿益群. 自由与和谐：大学教师学术生态研究［M］. 北京：知识产权出版社，2011：56.

② 欧内斯特·L 博耶. 学术共同体［C］//关于美国高等教育的演讲. 北京：教育科学出版社，2002：78.

③ 欧内斯特·L 博耶. 学术共同体［C］//关于美国高等教育的演讲. 北京：教育科学出版社，2002：58.

④ 吕达，周满生. 当代外国教育改革著名文献：美国卷. 第三册［M］. 北京：人民教育出版社，2004：19.

大学的学术探究和技能创新运用于解决大量现实难题。因此，"不应当为学术而学术，而应当由为国家和世界提供服务来证明其价值"[①]。

最后，教学应该在学术中占有一席之地。教学的学术就是传播知识，倘若不存在教学，知识的连续性就会中断，人类知识的积累就会面临削弱的危险。所以说，"教学支撑着学术。没有教学的支撑，学术的发展将难以为继"。并且，"我们还要给教学的学术以新的尊严和新的地位，以保学术之火不断燃烧"[②]。

博耶对大学的人才培养、科学研究、社会服务三大职能进行了有机整合，对学术进行了重新定义，极大地丰富了大学学术的内涵，拓宽了大学的学术边界。同时，博耶的学术观还赋予了探究、整合、应用和教学四种学术以同等的地位，它们不仅可以并行不悖、和谐共处，而且应成为一个共生的学术生态系统。这就为学术的多元化、全面化发展奠定了理论基础，也为教学型大学学术生态的构建提供了参考依据。

三、大学教师学术生态的内涵及其影响因子

（一）大学教师学术生态的内涵

根据生态学的理论，大学教师学术生态指的是大学教师个体或群体所属生态系统或生态群落。这一生态系统或生态群落是由众多生态因子多位交叉所组成的复杂系统。其所属生态环境可分为高校内部学术生态系统和高校外部学术生态环境。高校内部的大学教师学术生态环境主要指高校内部包括高校之间的学术个体、学术群落之间以及学术个体、学术群落与高校内部环境之间的生态依赖关系。高校外部的生态环境主要指社会、经济、政治、文化等外部生态要素对大学教师学术生态环境的影响和塑造作用。就像自然生态系统是由各物种与种群，以及生物群落与自然环境相互依存、相互制约、相互影响，经过长期的生物演化而形成的相对稳定、协同进化的复杂系统，大学教师学术生态系统也是一个由高校内部各种生态因子所组成的相互依赖、相互影响、相互制约的生态系统，并受高校外部的各种因子及环境因素的影响和制约，经过长期的发展，形成相对稳定而又不断演变的大学教师学术生

---

① 吕达，周满生.当代外国教育改革著名文献：美国卷：第三册［M］.北京：人民教育出版社，2004：22.

② 欧内斯特·L博耶.学术共同体［C］//关于美国高等教育的演讲.北京：教育科学出版社，2002：78.

态系统，并在相对稳定的基础上不断演进[①]。

教学型大学的教师学术生态，其整体特征具有大学教师学术生态的一般特点，但因受到学校内部和外部因素的影响，教学型大学的教师学术生态呈现出其独特的特点，在下文教学型大学教师学术生态现状部分有具体的分析。

（二）大学教师学术生态的影响因素

大学教师的学术生态的影响因素主要包括两个方面：一个是学校外部因素，另一个是学校内部因素，内部因素包括教师自身因素。这两大因素互相作用，共同影响大学教师教学学术生态系统的平衡。

1. 学校外部影响因素

主要包括政府政策、文化氛围、经济支持度、自然环境等方面。其中，政府政策导向是最重要的因素，影响着高校对教学的重视程度。政策重视教学，则高校重视教学，教师的教学学术氛围自然得到正向推动。文化氛围则对大学教学学术起到潜移默化的作用，尊师重教的风气一旦形成，则能在高校的社会责任和社会效益层面给予高度重视，从而促进教师教学学术能力的提升。经济支持度主要体现在教学经费的投入、对教学的奖励度等，这在很大程度上体现了社会、大学对教学的重视程度，可极大激发教师的荣誉感和内驱力。自然环境主要指学术发展所依托的地理因素和区位因素，是学术活动开展的资源性条件。

2. 学校内部影响因素

主要包括大学的办学理念、学校文化、教师专业发展机制等。只有高校树立本科教学"以本为本"，加大"金课""金师"建设力度的思想，才能促进教学学术的发展，引导教师重视教学、提高教学质量。

学校文化主要由学术观念、学术精神和学术道德构成，高校的学术文化直接影响着高校教师学术活动的习惯。学术观念是指对学术的基本看法。学术精神是学术人在长期的学术实践过程中经不断提炼、升华而确定的思想成果和内在力量，集中代表了学术人的群体意识和群体信念。学术道德是学术人在参与学术活动的过程中处理个人与个人、个人与社会、个人与自然之间关系时所遵循的原则和规范的总和。每所高校都有不同的学术文化，形成一种具有本校特色的学术氛围，使得处于其中的高校教师时时受到这种学术氛围的同化，表现在其行为上就是学术活动的习惯。[②]

---

① 耿益群. 自由与和谐：大学教师学术生态研究 [M]. 北京：知识产权出版社，2011：96.

② 李倩倩. 高校教师学术生态研究 [D]. 武汉：武汉理工大学，2009：13-19.

教师专业发展机制是教师教学学术发展的内驱力支撑源。只有从教学评价、教学成果认定、教学成果奖励、侧重于教学的职称评聘等方面给教师开展教学学术搭建顺畅的通道，处理好科研与教学之间的关系，才能把广大教师从单纯科研的"一条腿"走路模式转变到"科研促教学"的"两条腿"走路模式，使高校的学术呈现科研学术和教学学术的双重繁荣。

四、教学型大学教师学术生态的现状

当前教学型大学教师的学术生态存在以下几个突出的问题：

（一）重科研轻教学的学术倾向，破坏了学术生态的平衡

在生态学上，平衡表明生态系统的结构与功能、物质和能量、信息的输入和输出都处于相对稳定的状态，这有利于生态系统的稳定和系统中个体的发展。而当前，教学型大学的学术生态中，普遍存在重科研轻教学的学术倾向，一方面，教学型大学本身因为科研水平无法与高水平大学相媲美，因此将大部分精力放在学科建设、人才引进、科研攻关等方面，虽然取得了一定的突破，但从整体上看，效果依然不佳。博耶提出的四种学术对于教学型大学而言，探究的学术无法与高水平大学相媲美，处于低层次水平；应用的学术无法与高职高专相竞争；整合的学术因为学科发展的不均衡和优势学科的缺乏，尚未具备大的竞争力。另一方面，教学学术本应是教学型大学的优势，却因为大学重科研轻教学的导向，使得这一优势不仅难以发挥，而且有逐渐弱化的趋势。整个大学的学术生态既处于结构的不平衡，又处于水平的波动中，无法为教师的专业发展提供稳定的环境。

（二）学术型人才培养的倾向，无法为教学学术的发展提供内动力

生态系统的稳定和谐运行，需要系统的外部和内部提供能量的输入。从外部能量看，教学型大学多数属于地方高等院校，在政策倾向、财政投入、学校软硬件建设、人才引进、科研项目申报等多方面都无法与高层次大学相比，这就造成这一类学校教育资源的外部输入不足，影响到其学术生态系统的能力供给。

从内部能量看，很长一段时间，我国的大学就本科教育而言，基本上是单一的学术型、学科型和学者型的办学模式及教育类型，高等学校扎堆培养学术型学者型人才。虽然大学的层次有"985""211"地方高校，以及研究型、教学型、教学研究型等不同类型的划分，但大多数高校的人才培养理念

还是偏重于学术型人才的培养，教学型大学当然也不例外。这种人才培养的倾向，直接导致学校重视学科建设，学校的人才培养方案、专业课程设置、教育教学方法乃至学生评价体系，都更为强调学生的专业理论知识，学校的软硬件建设更多地投入到提升学科能力、科研水平的相关领域中，教学的投入仅仅满足于应付国家的检查和评估，这样的导向自然影响到教师的学术动机和学术倾向。学科带头人、学术带头人是很多教师奋斗的方向和目标，而教学名师、教学良师等代表教学学术成就的荣誉虽然在宣传层面上大张旗鼓，但始终无法得到作为学术行为主体的教师的广泛重视和积极争取，很多教师自身缺乏对教学学术的整体认识，对教学的理解局限在"传道、授业、解惑"，普遍认为教学活动具有学科的区别，认为自身的学术水平高，知道得多，研究得深，新技术新知识掌握得好就是教学学术水平高，只关注教什么，很少研究为什么教和怎样教，在整个教学型大学的学术生态中，教学学术的发展缺乏源源不断的内在动力。

（三）学术权力和行政权力的不平衡，制约了教学学术的发展

当前，教学型大学广泛存在学术权力和行政权力不平衡的现象，行政权力"泛化"，高校行政权力过多地介入学术事务，出现行政机制代替学术机制、行政管理代替学术管理、行政权力代替学术权力、行政群体代替学术群体等"泛化"现象，这直接造成了学术权力的"失范"，学术行为主体为其自身特殊利益或受外部环境制约而弱化或扩大学术权力等学术权力"失范"，如滥用学术权力与影响力，大搞话语霸权，损害他人学术自由；面对外部压力不敢伸张学术正义，学术失语；教学、科研与学术交流不均衡，有的重教学轻科研，有的重科研轻教学，有的教学科研分离；各领域内部不均衡，有的重教轻学，有的重学理轻，"学""术"分离等。在这样的情况下，教学学术在整个学校学术生态中的地位完全无法得到保障，头顶着"教学工作是学校中心工作"的光环，实际上在学术生态中无法与科研享有同等的"待遇"，严重制约了教学学术的发展。

（四）学术评价制度的不科学，阻碍了教学学术发展的积极性

当前教学型大学重科研轻教学的倾向，也反映在学术评价制度上，教师的学术评价，更多的是考量教师的科研工作量，以科研的论文、数量和档次来考核，并且制定了详细的量化指标体系和工作量计算奖惩办法，科研学术成果的地位显而易见。各种评价活动都离不开对科研成果的审核，无论是职称评定还是业绩考核，除了对教学工作量有一定的规定以外，教学活动的质

量难以衡量。与之相对应的是教学学术的评价制度尚未建立健全，教学学术水平的评价主体、评价的程序混乱，很多高校完全依赖学评教，机械地将学评教的成绩作为教师教学水平的唯一标准。更有甚者，将学生的考核成绩与教师的教学活动质量挂钩。而高校教师教学学术评价体系既面临高校教师学科之间的差别，又面临学术自由和行政干预的矛盾，教师发展教学学术的积极性受到严重的挫伤，亟待建立科学完善的教师教学学术评价机制。

（五）教师共生与协作文化的缺失，削弱了教学学术的群体效应

学术生态是一个系统，生命有机体之间的大多数关系基本上是合作关系，表现为相互共存和相互依赖，以及不同程度的共生，尽管存在竞争，但是通常是发生在更大的合作背景之下，所以整个大的系统才能保持平衡[①]。从目前教学型大学的教师群体情况看，教师之间缺乏一种共生与协作的文化，或者说，教师之间的合作仍停留在人为合作阶段，合作的意识、形式、深度等表现出明显的缺失与不足。主要表现在：合作形式单一，更多地体现在科研方面的合作，大学教师间联合申报科研课题是主要的合作形式，但实际上很多课题特别是文科类的课题在研究过程中缺乏合作。教学方面的合作相对较少，由于对教学的重视程度不够，教研室形同虚设，教研活动开展不多，教研室的功能远未发挥；合作频率低，由于合作形式的相对单一，教师之间的合作活动开展得较少，并且缺乏实效，水平低下；合作具有行政性，通常都是学校管理部门的行政指令，更多的是体现管理者的意志，是一种自上而下的控制；合作具有单向性和不平等性，即一方对另一方的辅导和帮助，是一种强势和弱势的关系，双方的合作不是建立在一种平等基础上的对话，如老教师、老研究人员的权威性让新人习惯于言听计从，教育管理制度的刚性有余柔性不足使教师屈从于制度的威严而产生表面合作内心不服的现象，这样的合作不能算是真正意义上的合作。这种有其名、无其实的低效、无效的合作实践，不仅无助于大学教师的专业发展，而且会动摇大学教师参与合作的热情和信念，误导教师对合作文化本身的认识，削弱教师参与合作的积极性，严重削弱了教学学术的群体效应。

五、教学型大学教师教学学术生态的构建策略

按照博耶的学术生态理论，教学型大学的学术生态应在探究、整合、应

---

① 耿益群. 自由与和谐：大学教师学术生态研究［M］. 北京：知识产权出版社，2011：96.

用、教学四种学术中达到平衡，针对当前教学型大学学术生态存在的问题，应着重平衡科研与教学之间的关系，给教学学术提供更多的内动力，通过学术权力和行政权力的分权管理，调动教师发展教学学术的积极性，同时，积极构建共生与协作的教学学术生态，发挥教学学术生态的群体效应，只有这样，教学型大学的教师才能在良好、稳定、和谐的学术生态中实现自己的专业发展。

（一）处理好教学与科研的关系，构建平衡的教师学术生态

平衡的教师学术生态，其突出的特点就是教学与科研的互相平衡和融合，必须从以下几个方面加以重视。

第一，人才培养应兼顾学术型人才和应用技术型人才的培养。

我国高等教育经过 20 多年的快速发展，高等教育毛入学率已经超过 30％，正式迈入了后大众化教育阶段。但是，当前我国高等教育大众化还处于低水平、不均衡的发展阶段，高等教育结构不合理、资源严重不足、人才培养质量不高。据统计，2010 年以来，高等学校每年向社会输送近 700 万大学毕业生，约占全国总劳动力就业人口的 40％，规模非常可观。但是在这些毕业生中，每年有 20％以上的人未能实现就业，造成了人力资源的浪费和社会的不稳定。高校学生就业难的问题，归根结底在于高等教育结构不合理，本科教育基本上培养的是单纯的学科型、学术型人才，然而中国经济社会发展真正需要的是大量能够扎根一线的具有较强专业技术能力、创新能力的管理、建设、生产和服务的应用型人才。另外，即便是学术型人才，从我国高校的实际情况看，培养这类人才的高校也为数不多，主要是国家"985""211"高校以及部分地方重点大学（据统计共 110 多所，占全国 1200 所本科高校的 9％）。这些学校无论从学科建设还是科研能力，都处于领先地位，其他高校无论是办学基础还是学术地位，都较为薄弱，办学定位趋同，学科专业缺乏特色，与地方产业结构衔接不紧密，培养出来的人才无论在学术能力还是在技术能力上都没有优势和特色，日趋陷入发展困境。因此，为适应经济发展方式转变、产业结构转型升级的迫切要求，解决新增劳动力就业结构性矛盾的紧迫要求，我们必须转变传统的学术型教育为主的教育模式，逐步重视应用技术型人才的培养。这给广大的教学型大学提供了一个难得的发展契机。教学型大学无论是学科建设水平还是科学研究能力，都无法与高水平大学相抗衡，只有扎扎实实做好人才培养工作，特别是培养适应社会需求的各方面人才，才能提升学校的竞争力，促使学校办出特色，办出水平，办出成效。结合应用型人才培养的需求，当前教学型大学应彻底转变重学科、轻

技能的教育理念，优化人才培养结构，创新人才培养模式，既注重学生的学科专业水平，又注重学生的实践动手能力。在此基础上，要注重教学管理理念和教师教育教学理念的更新、教育教学方法的改革，通过从政策上、舆论上、制度上的引导，加强对教学学术的重视程度，让广大的大学教师关注教学、热爱教学、研究教学、服务教学，从而提升教学型大学的教学水平。

第二，进一步厘清教学与科研的关系。

大学的教学和科研是源和流的关系，二者缺一不可。首先，教学是实现大学目标、完成人才培养任务的根本手段，是大学最基本的活动。在高校的教学过程中，高校教师不仅要把已有的知识传授给学生，还要教会学生如何用已有的知识去创造和探索新的知识。其次，科研是教学的升华，是大学生命力的体现，高校教师和大学生主要通过教与学的互动，不断地发现和创新知识，从教学中寻找科研的素材。最后，在大学中，教学是科研的基础，科研是提升教学水平的手段。教学为科研提供素材，科研为教学解决问题。也就是说，教与学的过程是一个"科研—教学—科研—教学"螺旋式上升的过程。

在 20 世纪 80 年代，中国科学院院士钱伟长曾说："你不教课，就不是教师；你不搞科研，就不是好教师。"事实上，在高校，教师的教学与科研两个角色是互补的，一个教师可以在两个方面都取得成就。处于科学发展前列的一些国家，他们的科学优势都是以大学为主要基地发展起来的，这些国家的学术中心和著名科学家大都集中在大学里。据统计，美国 90％的诺贝尔奖获得者是大学教授，德国 50％的科研成果出自高校教授。教学型大学教师一定要从思想上认识到教学与科研是相互补充、相互促进的关系，自觉、积极地安排和善于运用必要的时间去进行科研活动，深化丰富讲课内容，改进教学方法，实现二者的良性循环，以促进教学质量和水平的不断提高。

另外，科研应该用以提高教学质量。对高校来讲，教学及人才培养是办学的主线；对高校教师来讲，教学则是一种天职。教师要高质量地完成教学任务就要积极立足教学，明确教学目标，调整课程体系，更新教材内容，完善教学方法，并且不断增加自身的知识积累。俗话说，"教师倒给学生一碗水，自己得有一桶水"，而这一桶水往往就需要从科学研究中得来。因此，高校教师应该端正科研态度，明确科研目的，潜心扎实地进行积累和钻研，厚积薄发。同时，一定要注重确定科研方向，善于捕捉科研课题，立足于自己的知识结构与专业领域，把握研究的主攻方向，捕捉适当的强攻课题，明确方向和目标，逐步深入和拓展，克服急功近利的浮躁心态，真正做到有所创新、有所发现，并将科研的过程和结果贯串于教学之中，全面完成学术任务。

对于教学型大学而言，教学工作更应该是这类大学的重点工作，是学校立足之本、发展之源，应予以高度重视。实际上，人才培养、科学研究同为高校四大职能，教学大学的办学定位从内在就规定了教学需与科研并重之特征，并且教学型大学的科研内涵的界定需要以动态发展的观念去考察。教学型大学的科研不同于研究型大学，它既是一种独立的科技创新活动，也应该作为一种模式服务于教学。其科研内涵可理解为基础研究与应用研究有机结合，并根据学校自身发展情况有所侧重。具体来说，既要开展与教学相适应的自由探索性基础研究，着力培养学生的科学精神和创造力，也需要开展应用性研究，为相关行业或地方经济发展提供科技创新及成果转化基地。只有兼顾二者，才能找到教学型大学的特色发展之路。任何割裂基础研究和应用研究，或过于强调其中之一，忽视另一方面的发展，都会对教学型大学的战略发展产生负面影响[①]。因此，教学型大学对教学与科研内在均衡发展的本质性决定了教学型大学的教师发展应该注重科研和教学工作两者的有机融合。教学型大学教师的研究性教学应注重以下两个方面：一是教师研究性的"教"。教师在教学过程中充分考虑学生的知识背景，运用科学的教学与研究方法，创设问题情境，旨在重点提升学生的思维能力。与此同时，研究性教学要求教师持续关注学科前沿信息，扩充知识储备，努力将自己的科研成果转化为教学内容，从而活跃学生的课堂思维，提高学生分析问题、解决问题的能力。教师指导学生参与到自己的科研项目中，促使学生利用"实战"机会加深对知识的理解、运用，达到融会贯通。二是学生研究性的"学"。学习的过程同研究一样，同属探究之过程，其认识规律主要表现为由"已知"探求"未知"的过程，只是认知主体及其知识载量有所差异。研究性的"学"要求在教师的指导下，学生在整个知识的发生过程中创造性地运用知识和经验，自主发现问题、思考问题、解决问题，进而内化为严谨治学的精神和务实求学的态度。只有坚持这样的教学理念，教学型大学才能正确处理好教学与科研之间的关系，促进教师在正确的道路上实现自己的专业发展。

第三，构建科学完善的教学学术评价体系。

教学型大学应树立教学科研评价一体化的指导思想，认识到教学与科研是相辅相成的，二者对学校的发展是同等重要的，并将这种认识及时落实到实际的评价行动上，使教学与科研享受同等待遇，从而促进学校的教学与科研协调发展。一方面，高校教师的基本任务是教学工作，为国家培养高级的

---

① 李石羽，郝东明，刘京丽. 教学研究型大学教学科研内涵与关系探究 ［J］. 黑龙江教育（高教研究与评估），2012（5）.

专门人才；另一方面，高校是科学技术的孵化器，在教学之外，高校教师必然要承担起科学研究的重任。因此，评价既要包括科研工作又要包括教学工作。作为教师，评价重点毫无疑问要放在教学上，对教师的奖惩、职称评定等应该提高教学成绩的参考分量，联系实际的情况，在教学与科研之间形成一个恰如其分的比例，保持一定的平衡关系，促进教师教学、科研双丰收。

教学学术评价体系的构建，首先，需要外在政策、制度的支持。要改变单纯以科研成果论学术的观念，重视和提高教学学术的地位，加大教学学术在学术评价中的权重，针对各个高校的不同情况，加大制度或政策上的支持，创建良好的评价环境。

其次，建立行之有效的教学学术水平评价标准，完善教师考核制度。以制定科学、有效、可行的教师考核办法和考核指标体系为突破口，以国家有关法规为依据，制定符合高校自身情况的教师考核体系，使考核有利于教师个体的成长和教师群体的优化，有利于教师队伍结构的调整，促进人才合理流动和人力资源的合理配置。同时，建立考核信息反馈体系，改变以往为考核而考核的做法，将考核结果反馈给被考核者和参评人员，使被考核者能够清楚地认识自身的不足，明确前进的目标。通过考核信息的反馈，教师管理者能够从中发现考核方法与指标体系的可信度和合理度，从而调整和完善考核体系，使考核工作科学化、规范化。

再次，建立教师教学学术水平评价平台。教学学术水平的成果同科研成果一样，具有将成果公开、交流、评价和建构的特点。将优质教学过程公开化，使教学知识成为公共财富，通过建立教学档案袋，利用信息技术手段搭建高等教育知识共享平台，包括高校网络资源评价平台和学者交流评价平台、学生评价反馈平台[1]。

最后，要转变评价观念，尊重教师劳动特点，将奖惩性评估转变为发展性评估，既注重评估的外部激励，又注重内部激励，真正贯彻以教师为本的人文理念。要实施发展性教师评估，从教师发展的内在需要和实际状况出发，评价他们各自的发展进程，并努力通过评估促进他们向更高的目标前进，促进教师专业的可持续发展。

（二）实现学术权力和行政权力的分权管理，创建和谐的教学学术生态

学术权力来自大学教育、大学发展和学术繁荣。学术和行政权力的不同

---

① 谭靖. 高校教学学术化评价与驱动机制研究 [J]. 时代教育，2014 (13).

特点决定了对这些权力的行使有合理限制的必要性，不当或不合理地行使其中一项或几项权力，滥用某项权力，或以学术权力取代行政权力，将妨碍学校的健康发展。

第一，重点是加强学术权力，学校管理必须发挥作用，建立一个基于学术权力的管理系统。学校行政组织内部必须通过一个服务理念，重点做教育和教学的逻辑起点和行政事务的最终托管，确保行政服务活动，保障尊重教师和学生的学术。与此同时，削弱学术权威、专家学者、权威学科负责人在决策方面的权威，营造求真、尊重学术权威的氛围。与此同时，扩大学者参与学术工作的范围，促使他们做出管理决策。

第二，必须建立学术权力机构，加强大学理事会制度化。建立多层次的学术权力的组织，包括基本的学术委员会（包括教学学术）组成的学术委员会，让广泛的学者和教授参与学术事务管理和运作，以促进民主与学术。同时，建立学业水平学术委员会、教育委员会、评审委员会等，使那些真正负责的老师发挥作用。通过逐步完善学术委员会制度，不断调整和理顺学术与行政之间的内部关系，建立合理的学术运行机制。

第三，加强民主管理的学术权力的制度化。学术民主精神应该发扬光大，对于学术事务有关的决策，必须认真听取有关学者的建议，并将优秀教授和学者纳入决策机构，参加讨论学术问题。应赋予学术管理活动一定的权威，建立制度保障机制，使其能够有效运作，建立起一个公正、公平和包容的学术标准和制度，保证学术诚信。有可能的话，让社会中介参与到学术活动中，使学术权力以规范和制度化的方式发挥作用。

（三）重视学术生态的群体效应，构建共生与协作的教学学术生态

实践证明，学术活动具有明显的群体效应，学术竞争导致水涨船高，群体的学术水平本身就是一个十分重要的学术发展的环境因素。提高群体的学术水平，关键是要构建共生与协作的学术生态，对于教学型大学而言，重点就是构建共生与协作的教学学术生态，提升教学学术水平。

1. 在合作教学中提升教学学术水平

教学活动是教学学术的根源，教师在教学实践中所表现出来的知识、能力和素质即形成教学学术[①]。因此，提升大学教师的教学学术水平，其根本在于抓好教学，特别是对于教学型大学教师而言，教学更是重中之重。高等教

---

① 耿冰冰. 大学教师教学学术水平初探 [J]. 学位与研究生教育，2002（2）.

育专家潘懋元在《高校教师发展简论》一文中指出，"教学型院校中，教师的第一要务则是教学。"教学既是教师的根本任务，更是教师之间实现互动和开展合作的主要途径。但是，传统的大学教学过于强调教师的主体性，特别是受到大学专业划分界限明显和传统大学教师文化保守性、封闭性的影响，大学教师往往追求平稳、轻视合作，很多教师往往是通过自我摸索去开展教学实践活动，忽视主动接受他人的观点。实际上，对教师专业发展而言，教师发展其教学学术能力并不全然依靠自己的力量来实现，而是在向同行不断学习的过程中得以推进的。因此，我们要提倡合作性的教学实践。传统教学一般通过教研室活动的形式来加强合作教学，但由于没有建立科学合理的合作机制，使得教研室活动往往流于形式，效果不佳。从目前情况看，建设教学团队是加强合作教学的最有效途径。

　　教学团队是教师围绕教学工作，以提高教学质量为共同目标而组织起来的正式群体。建设教学团队是国家教育部在建设"高等学校本科教学质量与教学改革工程"中明确提出来的，指出高校要"加强本科教学团队建设，重点遴选和建设一批教学质量高、结构合理的教学团队，建立有效的团队合作机制"。建设教学团队的目的在于通过建立团队合作的机制，促使具有相似或不同学科背景、知识结构的教师共同开展教学学术研究，改革教学内容和方法，开发教学资源，促进教学研讨和教学经验交流，推进教学工作的传、帮、带和老中青相结合，提高教学水平[①]。关于教学团队建设，研究成果颇多，笔者认为，从提升大学教师的教学学术水平出发，教学团队建设要注重以下几个方面：

　　一是要形成集体目标导向，促成共同发展愿景。一个成功的教学团队，必须确立科学的整体发展规划和明确的阶段性目标，团队中的成员也相应地要有自己的发展规划，并且将个人规划与团队规划紧密结合起来，这样才能充分发挥团队的凝聚力，营造出一个核心层的教学能力发展空间，使团队成员的自身潜能得以充分发挥。同时，要创设稳定和谐的合作环境，促成共同发展愿景的生成，使教师产生强烈的归属感，保证合作教学实践更科学合理、更高效地开展。

　　二是以合作教学为基础，开展课程改革，培养教师集体协作、资源共享、共同发展的思想。一个教学团队是由具有不同专业背景和专长的人才组成的，每个人所擅长的领域不同，因此，要充分发挥教学团队中教师个体的教学能

---

　　① 　付永昌. 合作文化视阈下高校教学团队建设研究［J］. 江苏高教，2008（2）.

力优势，开展合作教学。可将同一类型甚至同一门课程，按照教师所擅长的进行分工合作，使课程中的各部分都能由对其研究得最深的教师主讲，这样既提高了教学质量，又能使教学团队的成员通过集体备课、集体观摩、集体听课评课等活动，学习他人的经验，分享他人的成果，加快教师教学学术的创新和提高。

三是改革传统的以老带新的导师制，促进年轻教师和老教师的合作。不可否认，教学能力作为一种实践性技艺，它的提高有赖于大量专门性的实践体验和经验积累，传统的以老带新的导师制，有利于发挥老教师的教学经验，帮助年轻教师尽快融入、熟悉教学实践，是一种较为有效的培训机制。但是，容易出现老教师以经验自居、漠视年轻教师的感受等情况。在传授过程中，老教师处于主体主动的地位，新教师处于被动接受的地位，不敢去撼动老教师的权威，这样对于新、老教师的发展都会产生不良的影响。因此，要改革传统的以老带新的导师制，构建"以老带新、以新促老"的合作发展模式。老教师通过听课评课、示范课、观摩课、讨论课等形式，言传身教，帮助新教师不断成长；而新教师在接受老教师指导的同时，要敢于向老教师传达前沿的教育教学改革信息，并虚心向老教师请教改革传统教学的途径，老教师要勇于放下自己权威的面子，以海纳百川、终身学习的胸怀和态度，在帮助新教师切磋教学技艺的过程中，与时俱进，提升自身的教育教学能力。

2. 在学习共同体中提升教学学术水平

教师的专业发展是一个可持续的长期的过程，更是一个不断学习和更新知识、积累经验、提升技能的过程，因此学习是教学型大学教师提升教学学术水平的重要途径。传统大学教师的学习除了依靠自己的学习（如个人进修提升学历）之外，主要集中在学校和各级教育主管部门的职后继续教育。对于前者，教师学习的个人化，使得教师的学习逐渐孤立化。所谓"独学而无友，则孤陋寡闻"，教师们合作意识不强，缺乏沟通和交流，即使有了机会，也不乐于表达自己的观点，不愿意与他人分享自己的心得乃至成果，因此在遇到难题时往往找不到合适的途径寻求帮助和支持，久而久之丧失了学习的兴奋感和内在动力。这种个体学习的方式在目前知识激增、更新速度不断加快的形势下，获取的知识必然是十分有限的；对于后者，虽然有相关的政策和要求，保证了教师参加继续教育学习，但由于继续教育长期以来存在的培训时间不足、培训内容单一且不切合教学实际、考核形式化等问题，使继续教育学习流于形式，教师随便应付而没有达到相应的效果。在这种形势下，一种新的学习模式——学习共同体应运而生，并逐渐成为教师教学学术发展的一种新范式。

教师学习共同体是由高校教师组成的、教师自愿自觉为基础的学习组织，这个学习组织通过向教师提供一个寻求帮助、建立关系和信任，同时获得个人专业发展支持的场所，最终达到消除教师孤独感、促进教师互助合作、协同发展的目的，从而真正提高教师的教学学术能力。学习共同体产生于 20 世纪的美国高校，1990 年迈阿密大学正式定义了教师学习共同体（Faculty Learning Community，简称 FLC）的概念。经过多年的探索和实践，国外大学在学习共同体建设方面积累了丰富的经验，但在国内，仍未能得到充分的重视和推广。笔者认为，教师学习共同体对于提升教学学术水平具有积极的作用，应大力提倡。在学习共同体中，教师不再是独行者，而是与志同道合的伙伴结伴而行。在这个群体中，教师与教师之间是一种平等的关系，通过平等、开放的交往和对话，共同分担教学难题、解决实际问题、分享教学心得、学习成功经验、促进共同提高。在学习共同体中，由于大家讨论和解决的都是同样感兴趣、切身体会深刻的话题，交流中很容易碰撞出思想火花，更有利于高水平的学术观点和学术成果的产生[①]。

在学习共同体中，还涉及不同阶层教师的互相学习。对于年轻教师而言，他们缺乏教学经验，渴望通过老教师的言传身教，尽快熟悉和掌握教学技巧，提升教育教学能力。对于经验型教师而言，他们拥有娴熟的教学技能，教学效果良好，但这并不意味着他们就具有高水平的教学学术水平。有些教师虽然教学效果良好，但理论知识薄弱，不能站在较高层次自觉运用教学理论指导教学实践，解决教学问题，更不擅长将教学经验总结、提升为教学研究成果，无法大范围地推广。因此，在学习共同体中，中老年教师要借助年轻教师的研究优势，增强教学研究意识，与年轻教师共同探索改进教学的有效途径和方法，并形成教学研究的理论成果，提升教学学术水平[②]。

3. 在合作研究中提升教学学术水平

"教学学术"和"学术性教学"的根本区别在于教学学术更强调学术，更重视对教学实践的研究和理论提升。大学教师通过对现有教育理论和教学实践问题的研究，在解决实际问题的过程中不断扩展和完善知识体系，形成新的教学思想、理论，从而提升教学学术水平。教师开展教学研究主要有个体研究和合作研究两条途径，相对而言，合作研究在资源共用、信息互通、思维互促、成果共享等方面具有明显的优势，是提升教师教学学术水平的更为

---

① 付永昌. 合作文化视阈下高校教学团队建设研究 [J]. 江苏高教，2008（2）.

② 原霞. 教师学习共同体：高校教师教学学术发展的一种新范式 [J]. 福建师范大学学报（哲学社会科学版），2012（1）.

重要的途径。开展合作研究，主要从以下几个方面入手：

一是以教学研究项目为纽带，开展合作研究。教师与教师之间或教师与专业教学研究人员之间通过教学改革项目、课程建设、教材建设等各种类型的项目开展合作研究，既可以实现"团队效能＞个人效能"的"1＋1＞2"的效果，更好地解决教育教学过程中的理论和实际问题，形成新的教学思想、理论和方法，又可以在研究的过程中实现教师的知识交流和共享，锻炼和提高参与团队研究的教师个体协同工作的能力，培养和提升教师的教学学术研究水平。在这个过程中，对于教师而言，通过项目开展合作研究，在科研能力较强的其他教师或专业教学研究人员的帮助下，可以规范科学研究方法，开拓研究思路，提高教学研究能力，从而促进教学学术水平的提升；而相对远离教学实践的专业研究人员，在参与课题研究的过程中，增加接触了解真实教学情境的机会，通过与教学一线教师的合作，促使自己的研究成果运用于教学实践，并不断得到完善，使自己的教学学术成果更加科学，从而提升自己的教学学术水平。

二是以教研室为平台，开展合作研究。传统的教研室由于成员缺乏合作的意愿，在实际运行中往往流于形式。实际上，教师在教学中遇到的问题多种多样，体验的教学情境也变换频繁，单凭教师个体的能力无法很好地解决。再者，不同的教师对同一个教学问题会有不同的认识。因此，加强教师间的交流合作，有利于教师接触到不同于自己的观点，通过讨论和研究，形成更为科学、全面的理解，进而形成教学学术成果。通过教研室开展合作教学研究，实现不同教学能力和不同知识结构的教师的互补，有效激活不同教师的思维，从而推动教学学术的发展。因此，要在激发教师合作精神的基础上，不断完善教研室的活动制度，使教研室活动制度化、常态化、有效化；要突破教研室传统的听课、评课等活动形式，引导教师养成研讨教学问题的习惯；要让教师不是一上完课就走人，而是在上完课后有到教研室和其他教师对教学问题进行讨论研究的冲动，让教研室真正成为教师开展教学研究的"家"，这正是传统教研室活动最缺乏的。

三是重视师生的合作研究。大学教师面对的教育对象是大学生，他们是成年人，思维活跃、想象力丰富，对教学中出现的问题往往具有更深刻的体会和意想不到的解决方式，因此，要大力提倡师生的合作研究。大学教师要改变自己是唯一权威的思想，赋予学生平等的身份，引导学生共同参与教学研究，通过共同发现、分析和解决教学中的问题，促进师生特别是教师教学学术的发展。[①]

4. 在互动式反思中提升教学学术水平

舒尔曼认为，教学学术拥有"公开，能面对评论和评价，采用一种能够让他人进行建构的形式，并且能够对结果进行反思"的突出特点。教学反思是指教师在教学实践中，批判地考察自我的主体行为表现及其行为依据，通过观察、回顾、诊断、自我监控等方式，或给予肯定、支持与强化，或给予否定、思索与修正，将"学会教学"与"学会学习"结合起来，从而提高教学效率的过程[②]。著名教育学家波斯纳提出的一个流传甚广的教师成长公式，即"经验＋反思＝成长"。反思实际上是对教学经验的审视、思索和修正，只埋头于教学而没有反思的教师只能永远是一个"教学机器"，只是简单重复对书本知识的传授，不可能形成自己的教学特色。只有在充分开展教学实践，不断积累教学经验的基础上，经常性地进行反思，教师才能促使教育教学行为的科学性、合理性、有效性和创新性，从而提高教育教学质量，使自身的教学学术水平得到发展。

传统意义上的教学反思大多是教师个人的反思，实际上，有效的反思不单是教师个人的自我封闭的主观行为，更是基于他人客观中肯的评价基础上的反思，只有敢于听取和接受别人的评价，才能了解到客观真实的情况，才能更为有效地改进和提升自己的教学学术。互动性的教学反思，需要教师的真诚合作，教师要担当好双重角色，既是评论者又是接受评论者，既是教育者又是受教育者。要改变"同行相轻"的错误观念，以真诚、客观的态度为同行提出中肯的评价，帮助同行了解自己在教学中的问题；还要以虚心、包容的态度接受同行的评价，并通过内化思考，促进教学学术水平的提升。只有将自评和互评相结合，才能真正成为教学研究的主人，提高教学工作的目的性和自主性，提升自己的精神境界和思维品位，从而不断提升自身的教学学术水平。

（四）在"个人主义"与"教师合作"之间保持张力，构建张弛有度的教学学术生态

重视学术生态的群体效应，构建共生与协作的教学学术生态，需要加强教师合作。但是，"教师合作"是否意味着教师个人特色的丧失呢？

20世纪80年代以来，探讨教师专业发展的合作路径逐渐成为一种国际潮

---

① 付永昌. 合作文化视阈下高校教学团队建设研究 [J]. 江苏高教，2008 (2).
② 戚业国. 论大学的学术生态环境建设 [J]. 江苏高教，2004 (2).

流。在这个过程中，人们在大力推崇教师合作的同时，不断地对教师"个人主义"提出疑问和批评。虽然各种批评的动机是善意的，并具有合理性，但是问题在于，他们往往更多地看到教师"个人主义"的弊端，而忽略了教师"个人主义"在教师专业发展过程中的独特价值，说明人们对教师"个人主义"存在较多的认识误区。因此，正确理解教师"个人主义"，理性审视"教师合作"，在教师"个人主义"和"教师合作"之间保持一定张力，对教师专业发展具有一定的指导价值。

1. 客观理解教师"个人主义"对教学型大学教师专业发展的优势

近些年来，我国教师教育研究的主流话语中，人们不断地批评个人主义在教师专业发展等方面的作用，把教师个人主义视为教师合作的对立面而遭到否定，其原因在于人们对个人主义有太多的误解。《朗文当代英语辞典》中的词汇"individualism"原本具有多种含义：①认为个人的权利和自由是人们在一个社会中最重要的权利的信条；②不受别人影响且以自己的方式做事的人的行为和态度。但最为经典、最为常见并且最为重要的解释是对个人权利的崇尚与尊重。只有在极少数情况下，才指利他主义和集体主义的对立面，即自私自利、损人利己等①。《现代汉语词典》对个人主义的定义是："主张把个人的独立、自由、平等价值及权利放在第一位。……只顾自己、不顾他人的极端个人主义，是与集体主义的道德原则相违背的。"② 可以看出，只有极端个人主义才是集体主义和利他主义的对立面。可是，在现实生活中，人们误认为个人主义就是集体主义和利他主义的对立面。这种理解是将"个人主义"等同了"极端个人主义"。正如奥地利学者哈耶克指出的："个人主义在今天名声不佳，与人们机械地将它等同于利己主义与自私自利有关。"③ 这就是人们否定个人主义的根本原因。从上述权威工具书的解释来看，教师个人主义既具有一定的封闭性、排他性，甚至有时带有一些自私自利、个人权利免受约束等弊端，也蕴含着尊重教师个人权利和自由、尊重教师个性化实践、尊重教师独立思考与决策及自我发展的价值等积极因素。因为教师个人主义弊端的存在，使其对教师专业发展起到一定的阻碍作用，正如有学者指出的那样：教师个人主义妨碍了教师之间的知识分享，不利于教师专业知识的积累和改善，不利于教师获取外界的情感支持；切断了教师从外界获取有益信

---

①　邓凡艳. Individualism 与"个人主义"[J]. 湖南大学学报（社会科学版），2005（9）.

②　中国社会科学院语言研究所词典编辑室. 现代汉语词典 [M]. 北京：商务印书馆，2008：463.

③　哈耶克. 通向奴役之路 [M]. 王明毅，冯兴元，译. 北京：中国社会科学出版社，1997：53.

息的渠道，导致了教师封闭的心智模式和教师职业孤独感①。

　　但是，我们必须承认，教师个人主义也蕴含着极其丰富的积极内涵，它对以"教学发展"为核心，以"教学学术"水平提升为根本的教学型大学教师专业发展同样具有巨大的推动作用。

　　第一，有助于教师实践知识的获得。教师实践知识是教师真正信奉、实际使用和个体建构的对教育教学的主体认识。它既是一种实践性智慧，又是教师专业发展过程中不可或缺的主要知识基础。拥有丰富实践性知识的教师，才能摒弃对专家的迷信，从而找到自己教学知识的增长点和专业发展的空间。学校环境、制度、教师工作性质等客观因素决定了教学工作具有很强的个体性特征，一间教室就是一个独立王国，教师在那里独立地开展自己的教学活动。劳蒂认为，学校的基层组织结构决定教师必须私下与困难和焦虑做斗争，在脱离同事的物理环境中独立度过自己的大多数时间②。而实践性知识恰恰具有个体性和情境性等特征。大量的研究成果显示，实践性知识属于个人知识，它是在教师长期的个体化的教学过程中，在千差万别、复杂多变的教学情境中，通过教师个体实践体验、感悟和反思等方式逐渐形成的，是教师个人不断的经验积累和重组的结果。因此，尊重教师的个人主义有助于教师实践知识获取和积累。

　　第二，有助于教师"教学学术"水平的提高。按照美国学者博耶的观点，教学学术是有别于探究的学术、整合的学术和应用的学术的一种新的学术类型。教学学术是关于如何传播知识的学术。大学的教学功能决定了从事教学学术研究是大学教师的本职工作之一，特别是教学型大学的特殊定位决定了教学型大学教师发展应该以教学发展为核心，以教学学术水平的提升为根本。当前，教学型大学教师群体中，教学学术的研究氛围还没有真正形成，普遍存在教学学术水平低的现状，这对于教学型大学教师专业发展以及教学质量的提高产生了巨大的消极影响。因此，如何提高教学型大学教师的教学学术水平已经引起理论界比较广泛的关注。毋庸置疑，教师合作是有效的策略，同时，我们发现，个人主义由于具有尊重教师独立思考与决策、尊重教师个性化实践等特点，这对提升教师教学学术水平具有独特的价值。因为如何传播知识（教学学术）既涉及教学方法、艺术与策略，又涉及教育机智和教育理念等问题。这些知识既包括对显性的公共知识的积累与反思，更包括隐性的实践性知识的生产。无论是对公共知识的反思所生成的个人认识，还是对

　　①　邓涛，孙启林. 论个人主义教师文化及其变革 [J]. 比较教育研究，2007 (6).
　　②　邓涛，孙启林. 论个人主义教师文化及其变革 [J]. 比较教育研究，2007 (6).

实践性知识的生产，都属于个人知识范畴，具有极强的个人化特点，这些认识和知识的生成本身就是教学学术范畴，是教学学术研究的成果。从一定层面上说，教学学术工作的重要任务就是生产实践性知识和相关新的认识。教师在长期的个人知识生产过程中，其教学学术水平必将随之提高。因此，在如何提高教师教学学术水平的问题上，我们既要肯定合作的作用，也绝不可以忽视并应该加以重视教师个性化的独立思索和探讨的价值，否则，教师就会陷入尼采所说的境地，即他的头脑做了别人思想的跑马场，被别人的思想骏马蹂躏一番。

第三，有助于促进教师自我反思能力的提高。受我国传统文化和大学教师评价等因素的影响，大学教师普遍形成了"自省自察""偏好静逸""高招不外传"等性格特点，这决定了他们对独立工作和独立思考的热衷，也决定了他们对自我独立反思的偏好。诚然，反思需要在合作中"以他人为镜"进行，但更强调的是"以己为镜"的个体化行为。我国教师所具有的性格特点以及在此基础上产生的热衷和偏好正是教师实践反思的重要基础，而这些基础性的因素恰恰都是教师的个人化的内容。可以看出，教师个人主义下的思索、内省、自我剖析和改善过程，就是教师自我反思以及反思能力不断提高的过程。

第四，有助于教师鲜明独立创新力的培养。尊重人的个性和自由是个人主义的重要内涵之一，独立思考是个人主义的典型特征。个人主义为教师按照自己的意愿，对教学活动进行独立探究、思考和创新提供了宽松的心理氛围。很多教师个案证明，教师在独立工作时，由于没有从众心理的影响，能够产生一些创新性成果，如教师在授课过程中，经常在激情状态下突然迸发出灵感的火花，而这些灵感性的东西往往是在平静状态下或在合作过程中没有办法获取的。哈格里夫斯曾认为，"教师的独处其实是一种可贵的品质，它显示了智力的成熟，表明了他们能够从工作和兴趣中获取快乐，也许重要的一点是，独处能刺激创意和想象。"[①] 事实上，发挥教师个人主义的积极因素，正是教师创新力培养的重要手段，它必将成为大学教师专业发展的有效途径之一。

2. 理性看待"教师合作"对教学型大学教师专业发展的利与弊

当前，在大学教师专业发展的途径问题的理论研究和实践中，人们都强调合作的重要性，并且已经达成共识，甚至是言必谈"合作"。理性地说，合

---

① 邓涛，孙启林. 论个人主义教师文化及其变革 [J]. 比较教育研究，2007 (6).

作对于教师专业发展具有巨大优势，许多论者对此进行了大量的讨论和研究。如，有学者认为，教师合作有利于教师发展意愿的激发与强化，有利于教师反思能力的提高，有利于促进学校组织学习[①]。也有学者指出，教师合作有助于激发教师专业发展的主动性和积极性，有助于建构教师的个人实践理论，有助于挖掘和利用教师群体的资源，有助于学习型学校的建设和形成[②]。但是，合作真的是十分完美的教师专业发展途径吗？答案当然是否定的。哈格里夫斯从文化视角，把教师文化分为四种类型，即个人主义文化、派别主义文化、人为合作文化和自然主义文化。这种分类实际上是融合了多重划分标准的结果。如果单从合作性质角度看，教师文化包括个人主义文化和合作文化（派别主义文化、人为合作文化和自然合作文化）两种。既然，合作有三种形式，并没有特指其中的哪一种，那么，很多论者就其上位概念的"合作"而论"合作"的作用，就难免造成思维上的混乱和实践指导的偏差。

第一，"人为合作"的弊端。调查发现，教学型大学教师专业发展，占绝对主流的合作形式是"人为合作"。从现实角度看，可以窥视其弊端。①合作的行政性。合作通常是学校管理部门或院（系）的行政指令，大多体现的是管理者的一厢情愿。②合作目的的异化。由于浓重的行政性色彩，教师合作往往是在"压制性"的氛围中展开的，为了应付了事，教师合作表现出表面化、形式化的倾向，是为了合作而合作，而不是为了教师发展而合作，其结果是把手段异化成了目的，真可谓是劳民伤财。③合作目标的功利性。教师合作更多地体现在联合申报课题、拿项目，一旦申报成功，又回归到单兵作战的非合作性原点，合作的急功近利色彩明显，除了少量的科研合作以外，有利于教师专业发展的教学合作可谓少之又少，这与教学型大学教师专业发展的核心内涵——"教学发展"严重背离。④合作动力不足。对于大部分教师而言，他们也许认识到合作对于自身发展的价值，具有一定的合作意愿，但是，由于教学型大学教师繁重的教学任务、硬性的科研（主要是用科研分衡量）工作指标、合作的"公正性期待"不足以及教师评价的竞争性基调等因素的影响，使教师合作的意愿慢慢地被磨灭了，所以教师合作动力缺失就变成了现实。

第二，自然合作的局限性。在教学型大学教师群体中，虽然也存在少量自然合作，但从自然合作所具有的自发性、自愿性、发展取向性、超越时空性和不可预测性等特点可以看出，自然合作也有一定的局限性。首先，自发

---

① 饶从满，张贵新. 教师合作：教师发展的一个重要途径 [J]. 教师教育研究，2007（1）.

② 李广平. 教师间的合作专业发展 [J]. 外国教育研究，2005（3）.

性是其首要特征。大学教师职业的特殊性决定了其合作的多维度的深层次性，导致自然合作关系难以形成，也难以维系，即使形成，也非常脆弱。因此，建立在自发性前提下的自然合作对大学教师发展不具有可持续性，并且过于强调自发性就等于放弃了对培育合作氛围的努力。其次，自然合作的"不可预测性"，即合作结果不能简单地加以预期，更决定了其局限性的存在。研究发现，当人们对某种合作的结果没有明确的预期，即合作者不知道合作能给自己带来什么样的收益的时候，合作意愿及动机就会降低。

第三，派别主义的局限性。派别主义是一种特殊的合作形式，即合作只发生在每个派别内部，派别之间相互隔离和排斥。对派别内部的成员而言，这种合作是有益的，但是，由于他们与派别外的其他人或组织没有实现沟通与交流，因此，它是一种封闭性的合作，对大学教师发展的局限性就显而易见了。

既然上述三种合作各自存在利与弊，那么，教学型大学教师专业发展究竟需要什么样的合作？从管理学角度看，有效合作团队一般具有的特征是：共同的目标、自觉自愿、坦诚交流、互相尊重、互相信任、相互依存、互补性、必要的计划与行政引领以及有一定的规章制度等。可以得出结论：大学教师专业发展所需要的合作，既不是完全意义上的自然合作，更不是完整意义上的人为合作和派别主义合作，高校教师的有效合作应该是在合理吸纳自然合作、人为合作和派别主义合作前提下的具有包容性的合作，既要体现自然合作的自愿、自主和超越时空等特点，又必须具有人为合作的合理计划安排和适当的行政控制，还要体现派别主义合作情感的融洽性。因此，教学型大学教师专业发展的有效合作，是指以适度行政引领、合理制度规约为前提，以恰当激励为保障，在教育实践中形成的集自愿性、开放性、情感相容性、组织性、规范性于一体的关系方式。

3. 在教师的"个人主义"与"教师合作"之间保持张力

教师个人主义和教师合作各自都存在一定的利与弊，所以，应该对它们进行理性的吸纳与扬弃，摒弃二元对立思维。一味强调合作的认识倾向是片面的，也是不可取的。正如有专家指出的那样："把教师合作看成解决所有问题的唯一灵丹妙药是错误的，我们只有在教师自立与合作之间维持适当的张力，才能给教师专业发展带来挑战和机遇。"[①]

（1）教师个人主体性的弘扬

教师个人主体性是指拥有主观性的教师个体在面对其他教师和客观世界

---

① CLEMENT MIEKE, VANDENBERGHE, ROLAND. Teachers Professional Development A solitary or collegial（Ad）venture [J]. Teaching and Teacher Education，2000（16）.

时所具有的精神意识状态。在西方，由于个人主体性的过于张扬与滥用，引起了许多学者的批评，甚至主张消解个人主体性。我国传统价值体系以集体主义和权威主义为原则，其结果是经常出现否定个人自由、主体地位和正当利益的现象，致使对个人主体性缺乏应有的尊重和承认。人的主体性是人最本质的特征，是人性之精华，具有相对不可超越性。事实上，真正的人是从事现实活动的人，是作为活动主体的人，现实个人的能动实践应该是社会进步的原动力，个人作为主体的自由而全面的发展也正是马克思的终极关怀[①]。因此，在大学教师发展问题上，不能不顾大学教师专业发展实际，对个人主体性进行抽象的评论，否则，很容易使大学教师专业发展陷入无个人主体性的被动境地。教师个人主体性不是人为倡导出来的，而是大学教师专业发展的现实需要。在教学工作中，教师以创造性的思维和再造性的想象、个性化的言语方式和重新梳理的教学内容等方面，给学生以各种各样的启迪、熏陶和影响，这些都是教师个性化劳动的结果。因此，大学教师主体性的弘扬，就是要弘扬个人主义中具有专业个性生存权利的独特因素，使教师在劳动过程中所体现的独立个性充满自由与反思，具有独特的个性化色彩，使大学教师以独特的专业发展显示出个人的品位和独立的人格。所以，在教师专业发展上，大学教师应该有鲜明的主体性，应该有专业生存与发展的权利和意识，应该有反思与批判的精神，以个人独特的自主性形成教师个体的教育信念。[②]

（2）追求教师个人主体性前提下的合作

教师个人主体性是教师合作存在与发展的前提，为教师合作源源不断地提供营养。教师合作是多个主体间的交流与对话，只有个人主体性得到提升，才能提高合作的效率。合作作为主体之间关系的规定，是两个或多个个人主体性的内在关联性，它一定要以个人主体性为基础，人不成为主体，不具有主体性，人与人之间就不会有真正的合作。在一个真正的合作体中，合作依赖于个人主体性的发挥，但又不是个人主体性的简单集合，在这里，个体保持相对的独立性（反思与批判等），对于合作的发展是必要的。"主体与主体共同分享着经验，这是人们所说的意义的基础，由此形成了主体之间相互理解与交流的平台。"[③]

在合作过程中，教师个体塑造的不是对方，而是相互间的关系，通过相互间的关系的塑造而达成共识、理解与融合。合作作为双向或多向的交流过

---

① 龙柏林. 个人主体性探析 [J]. 理论与改革，2003（4）.

② 赵复查. 主体间性哲学视野中的教师文化 [J]. 教育评论，2005（6）.

③ 郭湛. 论主体间性或交互主体性 [J]. 中国人民大学学报，2001（3）.

程，其实质是在自我中发现他人，在他人中发现自我，因此，必须防止自我的丧失。合作不是"求同除异"，而是"求同存异"。教师主体性的丧失是合作的最大障碍，它表现为以复述权威的见解代替自己的观点，屈从他人而失去本真的自我。在弘扬教师主体精神条件下的合作，才具有真正合作价值。因此，离开个人主体性的支撑，教师合作就成了无源之水、无本之木，合作也就成了没有实际意义的形式了。

（3）尊重合作背景下的教师个人主体性的发展

备受人们推崇的教师专业发展的主流路径的合作，其根本目标就是实现教师的个人成长，而个人成长又需要个人主体性的发挥。个人主体性的发展既需要个体的自我努力，又需要合作交流。海德格尔认为："他人的在世界之内的自在存在就是共同此在。""此在之独在也是在世界中共在。独在是共在的一种残缺的样式，独在的可能性就是共在的证明。"处在合作关系中的人的存在是自我和他人的共同存在，人不能绝对地独在。正如黑格尔所言："不同他人发生关系的个人不是一个现实的人。"①

真正的主体只有在合作关系中，即主体间相互承认对方主体身份时才可能存在。合作过程需要达成某种共识，但绝不是为了达成某种共识而扼杀教师的主体性，因为在合作交流过程中，主体间的相互碰撞与渗透是对主体性的保留和超越，它超越了主体性的自我化倾向，倡导主体之间的共同性，但又保留了个人主体性本身的根本特征，是主体性的适度合理的发挥与发展。真正有价值的合作，是以相互尊重、人格平等为前提的主体之间的关系方式，一切思想强迫、话语霸权等都让位于平等对话和真诚交流，渗透在这种自由交流中的是真正的个性，在其中，教师个人主体性自然得到充分的发展。

因此，片面地高歌合作的价值并无端地指责教师个人主义，没有改变教学型大学教师专业发展滞后的现实，更没有迎来教师专业发展的春天。问题的根源在于不顾教学型大学教师专业发展的现实而出现的思维的两极化。我们既不能过于宣扬教师个人主义，也不能偏激地强调教师合作，我们应该运用连续统一的思维方式重新定位教师个人主义与教师合作之间的关系。第一，由教师个人主义与教师合作组成的教师文化整体应该是一个协调的统一体；第二，教师个人主义与教师合作作为教师文化连续统一的两端有各自存在的价值，不能片面强调一端而使整体失去平衡；第三，连续统一思维不是折中主义，在具体实践中，人们应该根据特定的情境对连续统一的两端交替性地、

---

① 郭湛. 论主体间性或交互主体性 [J]. 中国人民大学学报，2001 (3).

不确定性地有所偏重。①

（五）构建多元开放的教师学术生态

平衡的大学教师学术生态系统是具有多元化特点的生态系统，大学教师的人员组成、结构特点、学术背景都具有多样性的特点。一所高校的教师组成是具有不同年龄、不同性别的教师群体。来自同一学科的教师组成的小群体，与来自其他学科的教师组成的小群体之间的相互交流，来自不同学科的教师组成的群体内部的交流等，都是在多元化的背景下呈现的教师学术生态特点。② 实际上，高校是由多种学术组成的，学术人员在不同学术活动中有着不同的分工，高校的行政力量总是试图主导这样的学术分工，尤其随着高校管理人员越来越专业化，职业高校管理阶层开始出现，他们更希望通过自己对学术资源的合理配置来达到所谓高校发展的目标。实际上高校内部的学术分工更多应当由学术本身的内在规律决定。伯顿·克拉克认为，在很大程度上，庞大而恒久的学术系统矩阵结构不是人为规划的，而是自发形成的。这种结构的自发形成是如此符合事物的本质，以至于似乎没有其他选择，事实上的确没有，高等教育必须以学科为中心，同时它必须聚集于事业单位。与学术的分工相适应，学术人员从事的是多元的学术活动，不仅学术类型不同，学术活动的内容也难以相同。在更多情况下，在同一所高校内部，找到从事相同学术探究的人几乎是不可能的，除非是从属于同一个学术团队的集体，这样的集体本身也是有分工的。因此，在高校内部，不同的学术人员在学术活动中的交流并不多，不同院校的同行教授的学术交流通常多于同一高校不同学科教授之间的学术交流，这就造成了学术理解包容的障碍。学术权威更应体现在自己学科领域的，超出了自己的学科领域同样可能是无知的，因此，当学术权威主导学术配置的时候，容易导致对自己不熟悉学科的忽略或者是不包容。保持一个多元的学术氛围对于促进不同学术、不同学术人员之间的协调发展是必不可少的③。对于教学型大学的教师而言，教学学术的发展，更需要融合多元的教育教学理念，营造以"崇尚学术、发扬民主、追求卓越"为核心内容的学术文化氛围，促进教育教学思想的碰撞，从整体上提升学校的教育教学水平。首先，崇尚学术是体现大学本质特征的要求。大学的本质

---

① 周成海. 客观主义：主观主义连续统观点下的教师教育范式：理论基础与结构特征 [D]. 长春：东北师范大学，2007.
② 耿益群. 自由与和谐：大学教师学术生态研究 [M]. 北京：知识产权出版社，2011：108.
③ 戚业国. 论大学的学术生态环境建设 [J]. 江苏高教，2004（2）.

是研究学术、追求真理、创造知识、创新价值和培育人才，是求真育人。教学型大学确立崇尚学术的理念，有助于营造浓厚的治学氛围，培育教学学术文化。其次，发扬民主是崇尚学术的基本要求。学术民主是学术自由的前提，它要求在进行学术决策、学术管理时，要尊重学术规律，确保学术主体的学术自主权；在学术活动中，应大力提倡百家争鸣，积极鼓励学派间的自由争论，建立"民主管理""学术自主""学术自治"的权力运行机制，保障学术权力的合理性与合法性。特别是对于教学学术这种融会了应用、综合、探究等性质的学术而言，更需要创设民主平等的交流和沟通平台，促进教学学术的发展。再次，追求卓越是学术的基本目的。教学型大学尽管存在自身发展的局限性，但仍应志存高远，即使无法在科学研究领域取得广泛的卓越成绩，至少也要在教学学术上寻求卓越的成绩，这是教学型大学义不容辞的责任。

　　另外，平衡的生态系统是一个开放的系统，只有系统内外不断进行能量、物质的输入与输出，才能使系统保持平衡。教学型大学往往地处欠发达地区，教师学术生态的构建，不能闭门造车，或妄自菲薄，或盲目自大，而应当坚持开放的思路，为学校的教师提供和不同层次、不同地区、不同国家的教师开展交流合作的机会和平台，使具有不同学术兴趣和学术专长的教师之间建立联系、沟通的渠道，避免教师的自我封闭状态，不断与外界进行物质和能量的交换，使教师在这样一种开放性的学术生态中博采众长，提升自己的专业发展能力，从而形成学校教学学术生态的特色和优势，促进学校的特色发展。

第六章 教师教学学术何以为继：
教学型大学办学的思考

"所谓大学者，非谓有大楼之谓也，有大师之谓也"，梅贻琦先生的这句名言深入人心，道出了高质量的教师对于大学的重要意义。然而，大学的办学对教师教学学术的可持续提升也有举足轻重的制约、引导和激励作用，其人才培养目标、科学研究取向、社会服务定位对于教师教学学术发展的影响不容忽视。因此，当我们研究教学型大学教师专业教学学术发展的时候，非常有必要探讨一下教学型大学的办学情况。实际上，超过六成的地方本科院校都是教学型大学，因此本章主要针对地方教学型大学的办学情况开展研究。

一、人才培养：通专结合，注重实用，增强技能

人才培养是大学区别于其他社会组织的重要特征，其内涵随着时代的变迁而不断发生改变。大学作为一个教育机构，其根本属性决定了人才培养始终是其首要任务。而今，理论素养、实践能力和创新意识的综合越来越成为评价人才是否优秀的标准。当今社会要求地方教学型大学培养通识与专业兼顾的复合型人才。

（一）培养理念：通识教育与专业教育并举

通识教育与专业教育作为两种不同的教育理念，对其关系的认识直接影响大学的人才观和课程观。地方教学型大学以培养"通专兼备"的复合型、实用型人才为己任，明确通识教育与专业教育之间的关系对于其人才培养职能的定位有着重要意义。

大学的发展日益强调学生全面和谐的发展理念，强调科学与人文并举、专业与通识融合、知识与能力的协调。传统的通识教育主要包括人文、社会科学、数学和自然科学育等方面的教育。在全球化和国际化日益加强的时代背景下，现代的通识教育融入了跨学科、跨文化教育的理念，强调了通识教

育的整合性、目的性和确定性。现代大学教育中的通识教育不排斥专业教育，并不是否定专业知识和专业技术对于个人生涯的重要性，而是将专业教育放在一个更加广阔的背景上进行，同时它也不排斥专业训练，而是强调综合能力基础上的专业教育，注重能力、方法的重要性，消除单纯灌输知识的局限性。

（二）课程设置：拓实基础与注重实用并举

地方教学型大学主要承担大众化教育的任务，应明确以教学为中心，以科研促教学，以服务促教学的理念，为经济建设和社会发展培养生产、建设、管理、服务第一线的实用复合型人才。质量是学校发展的命脉，学校人才培养的质量要紧跟市场，与企业、行业和国际标准接轨。例如，上海师范大学深入考虑学校的教学模式和课程组合的问题，强调三个"进路"，即课程进路、证书进路、社会进路。首先，考虑课程进路，要做好课程设计，组合课程模块，组成学分模块。其次，考虑学生的证书进路，有了课程模块组合，有了课程学分组合，学生就能拿到多种证书，多证书构成了学生的知识结构和能力结构。最后考虑社会进路，培养学生掌握基本技能，使其顺利进入社会的预定行业。这种有效形式的教学链，体现了学校教育质量的地位。讲课程设计，讲学分组合，讲证书进路，讲社会准入，这是一个办学的认知方向和操作方向[①]。

二、科学研究：崇尚教学学术，鼓励应用学术

"211 工程""985 工程"的实施，以及"双一流"的建设，促使许多大学向着高起点、高水平的公立重点大学看齐，地方教学型大学对研究型大学的日益倾慕、效仿、攀比，导致失去了自己本应有的定位和原有的特色，一心瞄准一流的研究型大学，一心打造"地方的清华与北大"。定位的模糊与行为的盲目攀比，究其根源在于对"学术研究"在理念上的模糊。

（一）崇尚教学学术

长期以来，大学作为高深学问研究的机构，被人们称为"学术象牙塔"，而此处的学术特指为科学研究、发表论文、出版专著。随着博耶将"教学学

---

① 李进. 地方本科院校校长办学理念探微：基于上海师范大学的实践研究 [J]. 中国高教研究，2009（2）.

术"这一崭新的思想纳入学术体系，他让我们思考不仅创新的、探究的和整合的学术是学术，推动知识传播和应用的也是学术。学术不应仅仅停留在发现和探究知识上，更在于传递和应用知识，否则学术的生命价值就难以为继。

反观当今中国的大学，伴随高等教育大众化的脚步，教育市场化倾向日益明显，大学俨然成了企业：学校与教师越来越像雇佣与被雇佣的关系，学生与学校越来越像买方与卖方的关系。连年扩招导致大学教室里学生越来越多，教师们何谈因材施教？再加之学术职务的评审和晋升、学术奖励及资金配给、学校某些资源分配等制度，向单一学术（即"科研"）的倾斜，教师难以潜心钻研教学，因为科研能为自己带来更多的经济利益和发展前景，赢得更多的"尊重"。于是大学教学的生命式微，教学越来越趋同于某种形式的等价交换，上课、实验、命题、考试、阅卷、论文指导、讲座、课外辅导等均被折合为可兑换货币的工作量。大学教学中蕴含的最珍贵的创新精神以及"传道受业解惑"的师道被严重蚕食。即使是在以教学为使命和主要特征的地方教学型大学也不例外。"……教师迫于压力，需要在短期间发表大量学术成果，学术论文正变得呆板和缺乏锐气，只强调写作的技巧。青年教师往往是根据学术期刊和出版社的喜好而写作。"①

为此，作为地方教学型大学，根据自己的特殊定位，应该大力倡导教学学术的理念。

1. 理念和思想上的转变

作为以教学为根本使命的地方教学型大学，应从理念、政策及舆论上改变将教学置于次之地位的现状，赋予教学和科研同等重要的学术地位，给教学效果优秀的大学良师以较之科研能力出色的大学教授以同等的重视和尊重。管理层特别是学校领导层，要从思想上认同教学学术理念，重视并身体力行，把本科教学作为高校最基础、最根本的工作，领导精力、师资力量、资源配置、经费安排和工作评价都要体现以教学为中心。同时，加强师德师风建设，并从制度上为教师提高教学学术水平提供支持，营造出尊重教学、支持教学工作的氛围。此外，教师也要转变学术观念，以学术的视角看待教学活动，自觉改进教学方法，致力于教学学术研究，提升教学学术水平。

2. 制度上的创新与激励

改革教师遴选、考核与评价制度，实行聘用制，探索年薪制，激励教师把主要精力用于教书育人。比如，进行以教学学术理念为指导的大学内部管

①　哈瑞·刘易斯. 失去灵魂的卓越：哈佛是如何忘记教育宗旨的 [M]. 侯定凯，译. 上海：华东师范大学出版社，2007：6-7.

理制度建设，进行教学评价、聘任、职务晋升、进修制度等一系列革新，建立合理的教学学术激励机制，激发教师的创造性，促使教师充分发挥自己的教学才能，提升教学学术水平。加大对教学学术的扶持，认同教学学术的价值，即关注教师教学态度、能力、效果，以及教学中的发现与革新。在教师年度业绩考核时，改变过于注重数量论业绩的单一化倾向，而是注重科研质量和教学质量，将"量多多得"调整为"优质多得"。实施教学与科研的等效评价。在教师奖励政策上，加大对教学工作的倾斜力度，完善教学奖励体系，使教学优秀的教师赢得同样的"尊严""地位"，激励教师"以教为乐""以教为荣"。健全师德考评制度，将师德表现作为教师绩效考核、聘用和奖惩的首要内容。

真正形成崇尚教学学术的风气，还必须激励与约束双管齐下，以激励为主的同时，也应制约教授不授课、教师懈怠教、只教书不育人等行为，促使那些教学态度、工作效果不好的教师警醒和自律。

3. 学术职务评审制度的分类与调整

扩大学术水平的评价范围，将教学学术纳入学术评价体系，分类建构学术职务评审制度，建立"教学型教授"系列的职务评审体制。博耶曾郑重倡导，应让教师"有尊严地多样化"，让那些有能力、有机会从事科研工作的教师在科学发现、发明方面获得认可，也让那些有兴趣亦有能力在教学领域表现卓越的教师拥有获得认可的机会①。在此方面，江西理工大学较早地进行了实践探索。2009年4月，设立了教学型教授和教学型副教授岗位，目前，广东等地也开始设立教学型教授和教学型副教授岗位。当然，实施中面临一些问题，例如，如何建构一套评价体系，为那些专心于教书育人的教师提供平等的发展机会，同时，能使研究型教授和教学型教授在学术水平方面具有一定的可比性。

4. 组织平台的建设与完善

第一，学校内部可以设立教学学术中心，如清华大学建有教学研究与培训中心，北京大学建有教学促进中心，首都经贸大学建有教师促进中心。或依托教育学院（或教育系）设置相应机构。如江南大学在教育学院设置了教师卓越中心。

第二，完善教研室、教学团队、课程组等基层教学组织。个人备课与集体备课相结合，深化教学重难点研究；认真落实听、评、说课制度，可以尝

---

① 欧内斯特·L博耶. 学术水平反思：教授工作的重点领域 [C] // 发达国家教育改革的动向和趋势（第五集）. 北京：人民教育出版社，1994：57-68.

试搭建教学学术的开放式网络互动平台，将备课资源、教案及课件上传网络，由教师群体共同修改、补充、完善，同时，适当探索教学资源有偿分享制度，老中青教师互帮互助，共同进步，实行新开课、开新课试讲制度。

（二）鼓励应用学术

在科学研究的理念定位上，地方教学型大学应结合自身大学所在区域的经济和文化，开展有区域特色的应用研究。地方教学型大学基本处于中型城市，当地人才资源和科研力量相对薄弱，地方经济发展中会遇到许多技术性难题与瓶颈，如何为立足地方，辐射周边，走出一条具有地方特色的学术之路，是地方教学型大学需要思考、践行的。

地方教学型大学在自然科学的研究中，应以区域经济发展为导向，在准确进行学科建设目标定位的前提下有重点地进行开发研究，力争将研究成果转化为生产力，并将其产业化，推动当地经济发展。随着科研项目的转让，可以将更多的经费投入到科学研究中，增加和更新仪器设备，建立实验室，改善科学研究的条件，使研究进入良性循环的轨道，同时，促进大学与更多的企业合作，有助于改变封闭的办学模式，更多地服务于经济建设，也使广大教师获得更多的工程实践机会，从而提高自身实践和技术创新能力，促进教育思想与理念的更新，深化教育教学改革，优化专业培养计划和培养复合型创新人才。此外，在科技成果转化过程中诞生的大批科技型企业，能提高地方教学型大学的社会知名度和影响力，为学生提供更多实践和科研的场所，为教师提供一个充分展示才能的舞台，有利于提高教师科研实践能力和学校整体科研水平。

在人文与社会科学研究方面，地方教学型大学可以结合所在区域和学科，涉及部分基础研究，重点开展应用研究，例如：关注所在地区历史名人与历史文化研究；尝试挖掘当地资源及文化特色，开发旅游精品项目。例如，地处广东省潮州市的韩山师范学院，结合所在区域开展了具有浓郁地方特色的潮学研究，旅游管理系还开设了潮菜烹饪专业。

三、社会服务：立足区域，实力引领，服务基层

服务社会是伴随着时代的发展而注入现代大学的第三大职能。英国著名比较教育学者萨德勒（Michael Sadler）曾说："我们不应当忘记，学校之外的事情甚至比学校内部事情更重要，它制约并说明学校内部的事情。"

教学型大学应依托所在区域的自然地理环境、历史文化积淀、政治经济

发展特点及其社会对高等教育的特殊要求来定位自己的发展。

（一）立足区域，辐射周边

地方教学型大学处于我国高等教育金字塔中"塔基"的位置，它肩负着全面提升所在区域的经济和社会进步的重任。不同区域的自然资源、交通资源、人口资源和产业结构存在不同的差异，不同地区的经济活动都具有各自的特色。区域经济社会的发展在人才培养的类型、层次和规格以及技术开发的领域与方向等方面对地方大学提出了特殊需求，比如广东省潮州市，是全国日用陶瓷生产基地，被誉为"中国瓷都"，位于该地区的韩山师范学院就以此为依托成立了陶瓷学院，下设陶瓷工艺系，为潮州市的陶瓷经济发展提供应用复合型高级专门人才的同时，也为部分陶瓷企业的技术难题攻关提供智力支持。同时，为陶瓷企业如何从粗放型经济增长方式转为内涵式经济增长方式献计献策，为陶瓷企业在技术方面提供建议和服务。

然而，一所大学所能提供的服务及其影响是有限的，地方教学型大学在社会服务面上必须清楚能为哪些地域服务，其辐射和影响能够波及到哪里，哪些事"可为"，哪些事"不可为"；要考虑清楚服务于哪个领域、哪个层次，提供何种形式的服务等问题。

（二）实力引领，服务基层

地方教学型大学在社会发展变革以及高等教育发展中，要有"不进则退，慢进也退"的紧迫感和使命感，苦练内功，打造实力，用高质量的社会服务为自己树立良好的品牌形象与口碑。地方教学型大学为地区提供适应性服务的同时，更应站在地区社会发展的前列，提供前瞻性、先导性服务，努力成为本地区先进文化、先进思想观念、健康生活方式的传播中心，以及科学技术研发中心、信息交流中心、文化集散中心。诚然，要求全部的地方教学型大学都提供前瞻性、先导性的服务也不现实，但至少应将提供高水平的社会服务、引领地区经济发展和当地社会整体提升作为自身努力追求的目标。

基础性包含两种含义。一是地方教学型大学在服务对象的选择上应更多关注我国小型企业的发展。在我国除了少数大型企业具有自主研发能力以外，大多数企业特别是小型企业技术创新能力都比较薄弱。随着全球化进程的加快，小型企业面临技术结构调整、增加产品科技含量，以及争创品牌、保住市场的现实问题，它们迫切需要培养和引进技术创新人才。地方教学型大学应积极调整专业结构和课程设置，重点解决小型企业急需的紧缺人才的问题。同时为小企业提供多层次、多维度的培训体系，提高企业经营、管理者以及工程技术人员的素质。二是在服务上应更多考虑所在地区广大人民的实际需要，为其生活和工作提供必要的专业支持和指导。

四、文化建设：时代特色，区域特色，校本特色

（一）时代特色：全球化、国际化、本土化

在信息技术被广泛应用的时代，在多元文化并存的世界里，不同文化在相互理解、相互尊重的基础上，不断交流融合。作为地方教学型大学在全球化和国际化的大潮中，应恰当定位，树立具有时代特色的办学理念。特色是"事物所表现的独特的色彩、风格等"，具有不可替代性、独有性和不可模仿性。地方教学型大学要在适应全球化、国际化时代特色的同时，挖掘、继承和保持本民族、本区域的特色。

（二）区域特色

大学一般坐落在一定区域范围内，而且每个区域在自然、历史、风情、经济、政治、文化方面都有区别于他处的独特之处。大学应分析所处区域的独特性，与大学自身建设相结合，将区域特色融入大学的发展中，借以提高大学的实力、品牌和知名度[①]。地方教学型大学在文化建设理念上，面对所在区域独有的特色有两个方面需要重点关注：

1. 提高认同，增强融合

地方教学型大学要从文化上认同并融入自己所在区域的文化环境中，借助自己的学科优势、师资、科研优势等，帮助挖掘、继承、保存、传播当地特色的文化资源。同时以此为依托，地方大学也可以利用地域文化特色建设特色学科，提高自身学科建设的竞争力，此乃双赢互惠之举。比如，韩山师范学院地处文化积淀深厚的广东潮州，其潮学特色学科建设既受到潮文化的熏陶浸染，也为潮文化的保存、丰富和发展做出了重大贡献。

2. 开发特色，追求卓越

除本地区特有的文化以外，区域独特的自然资源对于地方教学型大学具有不可替代性。地方教学型大学在学科建设尤其是自然科学建设方面，应重点开发利用，积极开展独具区域特色的科学研究，在开发中也要不断创新科技、追求卓越，做到"人无我有，人有我强，人强我新，人新我奇"，这本身

---

① 　郭霄鹏，陈兵. 保持行业办学特色　加强学科专业建设［J］. 中国高等教育，2007（13）：18.

就是对区域文化及自身文化建设最大的贡献。如海南大学，利用学校气候和具有独特的海洋资源的优势，构建了具有地域自然资源特色的学科建设，建立了"耐盐作物生物技术"和"热带水生生物技术"等与地域自然资源特色有关的省级重点实验室，开展以耐盐为主的抗逆作物分子育种及相关的一系列的研究，取得了一大批科研成果，在国内外产生了较大的影响①。

（三）校本特色

校本特色是指在一定的办学理念指导下，经过长期的办学实践逐步形成的比较持久稳定的发展方式以及被社会公认的、独特的、优良的办学特征，是一所学校区别于其他学校的特性，是最具个性的特点和亮点。一所学校主要由观念、组织、制度、物质和表现形态五部分构成，其中最能打造学校特色的核心要素是观念和制度。既是高校竞争中可以凭借的最终优势，也是提升本校竞争力的最佳途径。

校本特色的形成不是一蹴而就的，是一个创新、实践、积淀、凝练、提升的过程。在挖掘与提炼自身校本特色时，需要有宽广的视角、客观理性的思考、清晰的判断与定位，找准自身特色培育的着眼点，明确特色发展的方向。例如，从时间维度，回首历史，挖掘学校办学历程中沉淀与积累的特色；立足现实，凝练具有时代特色以及区域特色的理念；放眼未来，对区域及行业未来发展做出理性的规划与设计。从空间维度上，客观把握与衡量学校所在区域的优势与劣势，结合区域经济社会发展的规划，对相关人才培养和科技需求做出一定的预测，在引导和支撑行业以及区域经济发展上要有自己的思考，并形成自己的理念、制度、模式、学科、育人特色。

伴随着高等教育大众化的发展，不同类型、不同层次的大学找到合理恰当的办学理念和发展定位，建设展示自身特色的舞台，同时，不同类型、不同层次的高等学府之间科学地分工合作，彼此平行发展，才能实现中国大学"百花齐放"与"共同繁荣"，最终提升中国高等教育的质量。

---

① 曹毓民. 地域文化对地方高校办学特色构建的影响 [J]. 赤峰学院学报（汉文哲学社会科学版），2010（8）：180.

附　录　教学型大学教师教学学术问卷

尊敬的老师：

您好！本人正在从事教学学术与大学教师专业发展方面的研究工作，为了全面了解大学教师教学学术状况，并为本研究提供科学依据，特编制此问卷。本问卷以不记名的方式进行，内容不涉及个人隐私，调查的结果用于数据统计分析，不涉及对任何学校和个人的评价，研究报告中也不会出现任何单位和个人的资料。您填写的真实情况将为本研究提供有价值的参考。真诚希望得到您的大力配合，感谢您的支持！

一、请填写您的基本信息，在符合您的选项处画"√"。

1. 您的性别：A. 男　B. 女

2. 您的年龄：A. 35 岁及以下　B. 36—45 岁　C. 46 岁及以上

3. 您的教龄：A. 5 年以下　B. 5—10 年　C. 10—20 年　D. 20 年以上

4. 您的职称：A. 助教　B. 讲师　C. 副教授　D. 教授

5. 您的学历：A. 本科　B. 硕士研究生　C. 博士研究生　D. 其他

6. 您任教学校的类型：A. 综合类　B. 师范类　C. 理工类　D. 其他

7. 您任教的学科：A. 文科　B. 理工科

8. 最近五年，您主持立项的科研课题属于（可多选）：

　　A. 国家级　B. 省（部）级　C. 市（厅）级　D. 校级　E. 无课题

9. 最近五年，您主持立项的教改课题属于（可多选）：

　　A. 国家级　B. 省（部）级　C. 市（厅）级　D. 校级　E. 无课题

二、请根据与您的实际符合程度，在相应的项目中画"√"。

	非常符合	基本符合	一般	基本不符合	完全不符合
1. 您希望在学科专业知识方面得到提高					
2. 您教学能力的提升主要依靠自己的摸索					
3. 您提升自己的途径主要通过个人实践反思					

	非常 符合	基本 符合	一般	基本 不符合	完全 不符合
4. 您希望在教育科研能力上得到提高					
5. 学校允许教师按照自己的模式来设计教学活动					
6. 在教学专业发展过程中您能得到学校相关政策的支持					
7. 您希望在教育理论上得到提高					
8. 您会和身边的同事切磋教学问题					
9. 您会参与"相互听课"的教学活动					
10. 学校允许您结合具体情况适当调整教学目标					
11. 学校允许您结合具体情况适当调整所授教材					
12. 您希望在教育教学技能上得到提高					
13. 您所在的单位经常组织教师互相听课、评课					
14. 您经常对同事的教学提出改进建议					
15. 您愿意接受同事经常旁听自己的教学					
16. 您经常在网络上与同行进行教学交流					
17. 您经常探索教学中遇到的问题					
18. 您会参与"集体备课"的教学活动					
19. 学校允许您结合具体情况适当调整教学计划					
20. 在相互听课、相互评课中，您能做到相互批评指正					
21. 您的工作中心是教学					
22. 教学效果应该是评价教师的首要标准					
23. 论文等出版物的压力极大地影响了您对教学的投入					

三、以下项目根据您的实际情况，可以不选、单选或者多选。

1. 您不是很熟悉教育基本理论知识的原因是什么？（如果很熟悉的话，此题可以不选）

A. 入职前没接受过系统培训　B. 岗前培训不系统　C. 不感兴趣　D. 没必要掌握　E. 入职后没有进一步接受培训　F. 其他原因

2. 您对所任教学科的教学技能不熟练的原因是什么？（如果熟练的话，此题可以不选）

A. 入职前没接受过系统培训　B. 岗前培训不系统　C. 不感兴趣　D. 没必要掌握　E. 入职后没有进一步接受培训　F. 其他原因

3. 您对教学中遇到的问题不进行认真探索的原因是什么？（如果认真探索的话，此题可以不选）

A. 没时间　B. 没必要　C. 没兴趣　D. 评职称用不上，不必研究
E. 其他原因

4. 您没有公开发表教学研究成果的原因是什么？（如果发表了，此题可以不选）

A. 评职称用不上　B. 找不到合适的杂志发表　C. 不必发表　D. 不想外露　E. 单位不重视，没有氛围　F. 其他原因

5. 您不愿意参加各种形式的教研活动的原因是什么？（如果愿意参加，此题可以不选）

A. 没时间　B. 没兴趣　C. 没用处　D. 单位不重视，没氛围　E. 其他原因

6. 您不愿意旁听同事的教学的原因是什么？（如果愿意旁听，此题可以不选）

A. 没时间　B. 没兴趣　C. 听了没用　D. 担心同事介意　E. 没有形成惯例与风气　F. 其他原因

7. 您对同事的教学不提出改进建议的原因是什么？（如果提出过，此题可以不选）

A. 教学是自己的事情，别人无法干涉　B. 担心同事介意　C. 没有形成惯例与风气　D. 其他原因

8. 您不愿意同事经常旁听自己的教学的原因是什么？（如果愿意的话，此题可以不选）

A. 教学是自己的事情，别人无法干涉　B. 不好意思，会尴尬　C. 担心同事没时间　D. 其他原因

9. 您对教学中的经验与教训不进行总结的原因是什么？（如果总结的话，此题可以不选）

A. 没时间　B. 没用处　C. 没兴趣　D. 单位不重视，没氛围　E. 其他原因

四、以下项目根据您的实际情况，可以单选或者多选。

1. 您是通过哪些途径了解相关的教育理论？

A. 听专家报告　B. 阅读相关理论书籍　C. 岗前培训　D. 职后学历培训

E. 短期脱产进修　　F. 工作前学校学习　　G. 其他

2. 在教学过程中，你经常在哪些方面进行反思？

A. 教学目标　B. 教学内容　C. 教学方法　D. 教学的效果　E. 其他

3. 您在与同事合作的过程中，最期望与同事建立哪种类型的关系？

A. 亲密的朋友关系　B. 相互支持的工具性关系　C. 相互批评的诤友关系　D. 其他

4. 您认为教学更大程度上是一种什么活动？

A. 技术性的操作活动　B. 专业性的学术活动　C. 其他

5. 您认为教师合作的主要目的是什么？

A. 捍卫小团体利益　B. 搞好人际关系　C. 促进教师专业发展　D. 不清楚

6. 您通常与什么范围内的同事进行合作？

A. 与自己同专业的同事　B. 与自己同院（系）的同事　C. 全校范围内的其他教师　D. 外校教师　E. 其他

7. 假如让您和同事们开展经常性的专业合作，您认为最大的困难是什么？

A. 时间因素　B. 场所因素　C. 经费因素　D. 其他因素

8. 您目前在专业发展过程中面临的最大困难是什么？

A. 学校无相关政策支持　B. 学校的氛围不好　C. 来自家庭的压力大　D. 工作量太大　E. 没有时间　F. 其他

9. 您所在学校的政策倾斜比较侧重于哪些方面？

A. 教学　B. 科研　C. 社会服务　D. 其他

10. 目前，您的科研压力主要来源于哪些方面？

A. 职称的晋升　B. 学校的科研要求　C. 自我实现

11. 您工作的主要兴趣是什么？

A. 专业科研　B. 教学